管仁健

外省新頭殼

你不知道的台灣

方舟文化

推行說國語
胸前掛紙牌
同歸國小選班示範
議會認爲方法不當

【嘉義訊】嘉義縣水上鄉回歸國小校長趙震，在校內推行說國語運動，要求特定班級學生在胸前懸掛「請說國語」紙牌。縣議會副議長邱俊男、議員廖榮宗、蔡定國等認為方法是否妥當，值得商榷。

據邱副議長指出，趙校長推行說國語運動的動機是好的，可是，該校全校十一班學生，僅挑一班學生，要他們胸前懸掛「請說國語」紙牌，似有不當，因為這樣很容易傷害到學童的自尊心。

難民擁塞基隆
街頭風餐露宿
警部慰問過境部隊

【本報基隆二十八日訊】(一)日來榕穗等地湧來大批疏散人員，本市各旅館均告客滿，很多人無地安身，便在招商局邊及愛四路等熱鬧區馬路人行道上，掛帳睡覺，起爐煮飯，一片流亡景象。(二)省警備總部與參謀長、省府交際科劉科長及聯勤總部高級官員等數人，今(廿八)天四時來基慰勞此間碼頭過境部隊，並携來大批水菓分贈各官兵。

管大語錄

或許我們從歷史學到的唯一教訓，就是我們在歷史中永遠學不到教訓吧！

習稱「台灣話」
就是「閩南語」
有關單位・通告改正

【勞工社訊】有關單位頃通告，一般習稱的「台語」「台灣話」，應更正爲「閩南語」「閩南話」。

有關單位指出：台灣的居民絕大多數來自閩、粵一帶，所操之語言即爲閩南語或客家語。但不知何時開始，一般人及各種傳播工具都採用「台灣話」「台語」等字樣，來代替「閩南語」或「客家語」，不但不符事實，且易滋不良後果。因爲本省除許多人說閩南語之外，也有不少人使用客家語，如以閩南語稱爲「台灣話」，就抹殺了客家語，因此必須改正。

因爲電影、廣播、電視、書報等採用的機會較多，因此行政院新聞局、省新聞處、市新聞處已奉指示宣導改正。

「滿州皇帝未對我國人道歉」
俞揆否認說過這句話

【台北】頻遭民進黨籍立委指責對「二二八」有比擬不當說辭的行政院長俞國華，昨日在立法院的施政報告結束後，即席提出澄清。他指出，去年年底接見海外學人時，並未言及「滿州皇帝並未對我國人道歉」這句話，這是外界不實的報導。

立法院昨日上午的院會中，因適逢「二二八」，又是行政院長施政報告並備質詢的第一天，民進黨籍立委借「二二八」話題大作文章。

余政憲即明白指出，去年十二月卅日俞國華會見海外學人時，曾表示滿州人入侵我國時，傷害我國人，為數衆多，事後滿州皇帝並未對我國人道歉。他強調，國民黨雖未要求滿州人道歉，卻以武力推翻之；是否也意味台灣人可以不要求國民黨為「二二八」道歉，卻可以武力推翻國民黨的政權呢？

俞國華在口頭施政報告後隨即補充說明，他表示，去年底接見海外學人時說：「打開我國歷史，民間鬥爭，民族衝突，所在多有，過去的事，史已經癒合了創口，實沒有再追究的必要，我們要往前看，不要再往後看，要團結一致，共同為建設復興基地而努力。」

俞國華強調，他當時並未說過：「滿州皇帝，並未對我國人道歉」這句話，這是不實的報導。

蔣副院長壯語期勉 熱血青年投筆請纓

執干戈捍衛社稷報國最佳途徑

林正義惜別台大參加革命行列

國家多難之秋 青年及時奮

旗山高農百名畢

保送三軍官校

台大校長閻振興，在惜別會上，贈送禮物給投筆從戎的林正義。

管大語錄

我們為什麼要學歷史？也許大家各有各的答案，我認為「歷史就是要讓我們學習傾聽與對話」。

本省再度宣布戒嚴 完全為了保護同胞

國軍駐臺係為消滅叛徒

長官昨日播告本省同胞

警備總司令部 告民衆書

此後再有毀法亂紀行動 決予依法處理不稍游移

自序

汪伯伯的血不該白白流在綠島上

我老婆是客家人，結婚前來我父母家作客時，搶著要去廚房幫忙，聽到我媽媽麻煩她「拿果子來」，她就往冰箱走去，我們看了只能大笑。原來從小說台語的媽媽，國語大多從我爸爸這裡學來，因此會把「鍋子」說成是「果子」，難怪我老婆一聽到就想開冰箱去找。

按照戒嚴時代的戶籍法，我的籍貫是山東省莒縣，當然就是一般人慣稱的「外省人」。偏偏小時候父親只是個育幼院的老師，我們不但沒住過眷村，反而都租屋住在幾乎全說台語的巷弄裡。

我姊姊是九官鳥，日後她在美國跟一位也來自台灣的女同事一起開車，中途水箱沒水了，只好向附近住戶求助。恰巧出來應門的人，一開口就用台語問她們是台灣人嗎？

她的女同事雖是本省人，卻答得「二二六六」[1]；我姊姊只好接手回應，順利借到了水後，對方還問了她一句：「妳咁[2]是長老會的傳道人？」

語言是溝通與建立情感的最佳工具，相對於其他一九四九年來台的外省人，在淪陷區學過一點日語的先父，對台灣人就有稍多一點的同情與理解。對於下一代能否融入這社會，也就多了些基礎。

•

台語跟國語之間，有著微妙的關係；漢字寫來一樣，意義卻完全不同。例如國語的火車頭就是火車的頭，台語的火車頭同樣有火車站的意思。頭殼也是這樣，國語的頭殼就是頭的殼，台語的頭殼也是頭腦。因此我們解嚴快三十年了，卻始終無法換個新頭殼來思考，因爲這不是像國語這樣只換個殼就夠了，是要像台語那樣連殼裡裝的東西也都要換。

「新頭殼」（New Talk）這個新聞資訊平台，是由前中央社董事長蘇正平等資深媒體工作者，在二〇〇九年創辦的網路媒體，是台灣少數無實體出版品的綜

1 台語「零零落落」的諧音，意即台語說得不流利。

2 台語的疑問助詞。

合性新聞網站之一，自許爲「一個有思考力的獨立媒體」，營運團隊主要由《台灣日報》顏文門時代的員工組成。二〇一四年三月曾任《台灣日報》總編輯的首任總製作莊豐嘉向我邀稿。

我家三代以來讀的都是中文系，而我又是出版社編輯出身，當豐嘉兄要我來當個關注社會議題的公民記者時，還眞有點嚇了一跳。

在還沒有出現「宅男」這個字眼之前，我就很「宅」了。長期以來我活在自己的世界裡，在網路上發表的也都是戒嚴時代的庶民故事，我哪裡有能力評論社會上每天發生的這些怪事？

之前其實我也婉拒過其他網站的邀稿，但豐嘉兄不死心，持續再邀；念及老戰友情分，本來想先寫幾篇試試，沒人看就自動喊停。不料這種懷舊「鄉民體」的文風，竟然還眞的受到部分鄉民的認同，點閱與轉載的效果還不錯，因此即使豐嘉兄一年後離開了「新頭殼」，我也一直寫下去。

這本書，就是從「新頭殼」這個平台裡，挑出有關「外省人」這個族群的文章。從戒嚴時代起，「外省人」這三個字在台灣就充滿著很矛盾的情結。這是個優勢族群，尤其是在政界、軍界與媒體；但獨占這些利益的少數人與少數家族，卻絕口不提這三個字（尤其在競選時）。弔詭的是這三個字所帶來的副作用，反而是由未沐皇恩的基層外省人來承擔。

因此這本書也有個積極的意義，就是要徹底擺脫戒嚴時代兩蔣的桎梏，外省人自己要有個新頭殼，其他族群看待外省人也該有個新頭殼。

本書分爲五個單元：「天龍新頭殼」是在談怎樣擺脫高人一等的錯誤心態，「語言新頭殼」談的是當權者打壓台語的歷史傷痕，「二二八新頭殼」談的是何以賤民階級要替權貴子弟扛抬原罪？「軍事新頭殼」則是談軍方高層（尤其是軍頭郝柏村），最後「半山新頭殼」則是要談比外省人更天龍的半山家族（連戰這一家）。

•

出版這本書，同時也是爲了紀念先父的同學汪廷瑚先生。汪伯伯出身皖南書香世家，隨軍來台後因寫作得罪高官，被警總保安處抓去，不經軍法處審判就直接羈押於綠島。鷹犬逼他寫了悔過書就放他回家，但他脾氣倔強，始終不寫，就這樣沒審理也判決，直接關在綠島，什麼時候寫好了就什麼時候放回來。

十五年後，綠島指揮官換了脾氣與汪伯伯一樣倔的特務周書府（就是政客周錫瑋的爸爸），堅持汪廷瑚在被釋放回台前一晚，一定要寫下悔過書；汪廷瑚不從，周書府竟派手下的鷹犬，以槍托圍毆擊斃，再向上詭稱當夜暴斃，立即火化。在台同學們專程去碼頭接他，迎來的卻是骨灰一罈。

《柏楊回憶錄》裡提到過汪廷瑚遇害的經過，我編的《科學，從好奇開始》，作者郭中一是東吳物理系副教授，他在序中也提到他父親郭逸民，與汪廷瑚不只是同學，還是同鄉，因而當年親眼見到這場原本要接人，卻接到骨灰的「鬧劇」。

汪廷瑚不是政治人物，與先父一樣只是個流亡在台的外省賤民，多年來除了謝聰敏，我沒聽過任何綠營政治人物提到過他，但他卻是比鄭南榕更早爲台灣言論自由犧牲性命的烈士。台灣的出版自由，是歷經多少人的犧牲，才換來我們現在這點小確幸。謹以這本書紀念他們，我也深信：「汪伯伯的血不該白白流在綠島上。」

曾仁健

目錄

Part 2

語言新頭殼

Part 3

二二八新頭殼

Part 4

軍事新頭殼

Part 5

牛山新頭殼

Part 1 天龍新頭殼

天龍是什麼？不是省籍，不是黨派，也不是階級；
而是心態，一種莫名的優越感。

有位教授提到他的成長經驗，一九五〇年代他在台南鄉下讀小學時，班上只有少部分同學穿得起帆布鞋，其他赤貧的都打赤腳，腳上也因此都有些蚊蟲叮咬，甚至皮膚病造成的爛瘡，唯有校長兒子一個人穿皮鞋。

後來班上來了一位轉學生，據說是分局長的兒子，腳上也穿著皮鞋。下課後赤腳的同學也想跟校長兒子一樣，靠近新同學時卻被對方一腳踢開，補上一句：「滾開啦！髒死了。」那同學腳上的疔瘡立刻血流如注，整隻腿黃的紅的外帶灰色的鞋印，嚇壞了一旁所有的孩子。

但教授說他後來到市區裡讀省立中學，遇到更多的外省同學，才發現這些眷村與糖廠來的外省人，個個都隨和友善，糖廠來的甚至還能說流利的台語。他搞不懂爲什麼同樣是外省人，卻有些人總是自認「高級」？

其實這現象不難解釋，一九四九年來台的外省人分爲兩種，一種是被拉伕或充軍的老兵或流亡學生；另一種則來自恩蔭侍從體系，簡單說就是高級外省人，而且絕大多數都是特務。國共內戰後期戰局逆轉時，軍隊無法都撤來台灣，但特務因消息靈通，幾乎全都來台。在禁婚令的限制下，特務又比老兵更早也更容易結婚，所以一九五〇年代在台出生的外省人，來自特務家庭的比例超高，現今政壇藍營高層的結構就是明證。

戒嚴時期在台灣鄉下，一天老師也沒當過的特務，瞬間變成校長；一天警察也沒當過的特務，瞬間變成分局長。也難怪鄉下小孩能見到的外省小孩，大多出身特務家庭。

話說回來，鄉下小孩自幼整天看這些校長、分局長的小孩，對外省人只有怕與厭；到了都市，尤其是進了省中，遇到更多正常的軍公教子弟，自然會改變對外省人的觀感。特務出身的高級外省人，即使披上軍公教的外衣，骨子裡仍是特務那兩套，因此他們對兒女的教育，說穿了也就是這兩套：一是敵視（優越感），他們從小教育孩子，輕視一切在地化的人事物，尤其是語言、文化，連本土食物與醬料也要一併鄙視。二是猜疑（危機感），他們從小教育孩子，本地人都是要奪權的，要來逼我們跳海的，所以對他們要先下手爲強。有了天龍心態的小孩子會踹人一腳，長大了即使衣食無缺，仍然在出國時要搶著當職業學生，監控與出賣身邊的同學。有了天龍心態的人，都會做些什麼事？看下去就知道。

從圓環看高級外省人郭冠英

民主的台灣無需等待人亡，一下台就該政息。任何民選首長上任後的三把火，就算做不到興利，也該大刀闊斧的除弊。柯P上任後拆了忠孝西路公車專用道、北門高架橋之後，下一個輪到的，就是馬英九砸了兩億元，請來李祖原KUSO的「透明蚊子塔」。二〇一六年七月九日《自由時報》報導〈柯P喊拆建成圓環，在地居民多贊同〉：

「建成圓環的存廢ㄎ戲拖棚，市長柯文哲耐不住性子，六月間在市長室會議決定拆除，並建設綠地廣場，盼明年八月世大運開幕前完工。產發局昨舉辦說明會，在地居民大多同意拆除圓環的建物，再改造為綠地，但後續經營須考量交通、商圈發展，否則圓環依舊無法復甦。

建成圓環因連年虧損淪為蚊子館，柯文哲上任之初曾表態拆除，後又宣布整建重新開幕，經多次說明會及政府、地方討論，本月廠商租約到期前，柯拍板拆除現有建物、重現圓環地景廣場。

產發局指出，建成圓環二〇〇三年完工至今僅十三年，未達使用年限五十五年，無法任意拆除，但若以配合都市計畫、公務需要等理由，經審計處同意，則可合法拆除，粗估建物拆除費用六百萬元，設置廣場工程款爲一千一百萬元。」

•

其實馬英九與李祖原聯手「打造」出來的這座透明蚊子塔，位於大稻埕鬧區南京西路、寧夏路、重慶北路、天水路的交叉口，一八九九年日本政府提出「市區改正」計畫時，就在此地周邊栽植七里香，中間種榕樹及設座椅，成爲民眾休憩的「圓公園」。

一九〇八年這座圓形小公園，因淡水線鐵路開通而攤販聚集，成爲日治時期台北市最重要的小吃夜市。雖在一九四三年因二戰時的美軍空襲，改建成防空蓄水池；但一九四五年國民政府接收後，又恢復了小吃容貌，是台北重要地標之一；卻也隨著鬧區東移而漸趨沒落。尤其一九九三年與一九九九年的兩度大火，攤販多已遷離。

二〇〇二年在馬英九任台北市長後，讓這座透明蚊子塔以美食小吃街型態，於二〇〇三年十月重新開幕。但天才設計師惡搞出來的玻璃帷幕設計，讓中式小吃需高溫熱炒的攤商傷透腦筋，持續虧損下不但二樓始終租不出去，連原本進駐一樓的二十攤，到二〇〇六年七月只剩下六攤，從此正式結束。

二〇〇八年郝龍斌宣布要將圓環內部重新規劃，於二〇〇九年六月二十二日重新開幕。但因向市府承租的華旭公司和實際負責經營的流水席公司，在租金認知出現歧異，雙方爭訟於二〇一一年五月一日再度歇業。

二〇一二年四月九日由余湘及聯廣集團主導重新開幕，又因開設夜店而引發爭議。因此柯P主張二〇一六年七月委外合約到期後就不再續約，改由台北市政府接管並考慮拆除。

•

一九八〇年代之前，圓環因爲擁有各式庶民小吃，成爲我們共同的城市記憶，也是我們中下流社會的味覺地標。可是對那些除了選舉之外，絕不可能到此一遊的權貴子弟來說，這些上不了檯面的粗食，豈能成爲台北的地標？馬李兩人用兩億元蓋個玻璃頂與玻璃牆，馬規郝隨下又用盡各種方式挽救，說穿了就是想將這些化外之民圈養起來，慢慢「教化」而已。

大概也只有馬英九這種不食人間煙火的官二代，才會異想天開，認爲只要把夜市小吃圈養進玻璃屋，就會變成百貨公司美食街。因此這座不倫不類的透明蚊子塔，早在馬英九市長卸任後就該拆除，這不是我一個人這麼想，自稱「高級外省人」的郭冠英，二○○六年八月二日在《中國時報》人間副刊，就創作了這篇〈繞不出來的圓環〉，他說：

「我記得小時候從新竹上來，我們是『高級的外省人』哦，不知那次怎會是一個本省伯伯帶我來台北。我來台北就想來圓環，那時東區還是稻田，一○一是敲敲打打、做槍炮反攻大陸的兵工廠，根本是野外。到台北來不是去西門町就是去圓環吃。那位長輩給我叫了蚵仔煎、加了蛋，人間美味，那時，他看我吃得樂，很滿意。」

在這裡我要替郭冠英說句公道話，「高級外省人」其實並非什麼自誇或讚美的用詞，相反的還是個負面用語。不然在選舉時，官二代出身的如馬、郝等人，會用「高級外省人」這名詞稱呼自己嗎？他們還更怕對手陣營這樣稱呼他們。

因此按照郭冠英的文意，一個空軍眷村出身的小孩子，從新竹被一個本省歐里桑[1]帶來台北，在圓環吃個平價小吃，土包子的他當時就以爲是人間美味。文中他用「高級外省人」來形容自己，完全只是文學上的自嘲而已，並無自誇或貶抑他人的想法。

•

眷村的竹籬笆，固然限制了外省第二代在台灣「接地氣」，使他們無根漂浮於這個島上，無可選擇的成爲當權者意識形態下的工具人；但竹籬笆也加深了本省人（含客家與原住民）對外省人的誤解。

我的老婆是桃園農村裡的客家人，她說從小就羨慕外省人的同學，軍用卡車一來，能搬一大堆米油鹽糖的民生必需品；放學回家也沒一大堆農事要做，可以立刻讀書寫作業；連念私立學校也有教育補助。但我告訴她：「很多老兵根本沒法結婚，結了婚也不見得有眷村可住，外省人裡的階級問題更嚴重，下階層的外省賤民，才是台灣社會的最底層。」

台灣社會裡最僞善的現象，就是不願承認社會上有階級問題。人類的任何團體裡，甚至宗教團體裡都不能避免階級。軍中更是最強調階級的團體，同樣是軍中茶室的女侍應生，軍官部沒生意時到士官兵部支援，收費還立刻打對折。問題是同樣的「裝備」，爲何收不同的價錢？答案除了階級，還是階級。

社會上族群的鴻溝不難跨越，階級問題永遠無解。圓環夜市會變成透明蚊子塔，而且空了多年也拆不掉，這不是單純的族群問題，因爲只有這三個眞正的高級外省人：馬英九、郝龍斌與李祖原，才會聯手搞出這個不能拆的大型廢棄建築。但戲稱自己是高級外省人，實際卻仍是一般外省人的郭冠英，十年前的文章裡就這樣寫：

「沒有前站後站，後站的暴發户也想住帝寶。後站賣的鍋燒瓢盆也沒了，到大賣場去了。只有我老了，頭禿了，冬天戴帽，還會去後站的帽店買幾頂帽子。我工作的地方離圓環走路就到，但中午，我從來沒去那裡吃飯。台北市政府也搬走了，台北像一盤沙子，重新抖過，圓環抖不見了。」

「還有，最重要的，生活型態變了，氣候變了。以前，圓環是日本町人文化的產物，腳登木屐，穿著浴袍衫褲，喀喀達達的走到這裡。不只圓環，旁邊還有

1 台語形容中年男性。

許多食店。坐在這裡，車子不多，人聲還可以蓋過車聲。空氣尚好，氣溫不高，過街尚不難。但後來呢，車潮不斷，城熱如焚，有人能夠坐在馬路中心吃東西嗎？沒冷氣能生存嗎？露店難活。當你有了車，當你丟掉了木屐，你不會再去圓環，去了兩者都痛苦。」

「以前圓環像隻八爪章魚，鬚臂伸的好遠，後來牠全縮回了身體，也沒水了，不再活了。好啦，怕吵，怕熱，又要保存文化古蹟、愛護本土，那這個代表物必須救活，怎麼辦？搞個玻璃頂啊，徵求比圖，發包設計。做好了，人還是沒有。」

郭冠英以「范蘭欽」爲筆名，用什麼「台巴子」在網路散播激化族群仇恨的廢文，當然應該譴責。但也幸好他不是眞的高級外省人，不像馬郝李這三尊「天龍神」如此不接地氣，因此十年前就能看穿圓環這座透明蚊子塔沒救了。

大家可以罵郭冠英壞，但絕不要罵他笨；在處理圓環這件事上，他比眞的高級外省人清醒多了。

回應與挑戰　⊙郭冠英

繞不出來的圓環

我工作的地方離圓環走路就到，但中午，我從來沒去那裡吃飯。
台北市政府也搬走了，台北像一盤沙子，重新抖過，圓環抖不見了。

玻璃帷幕的圓環歇業，許多懷念圓環的文章出來了。我看了七月七日「人間副刊」雷驤之文，我知道了它的死因，應該說，我這才知它還曾活著。

問圓環如何死的，要問你多久沒吃蚵仔煎了？10年？20年？

我記得小時候從新竹上來，我們是高級的外省人哦，不知那次怎會是一個本省伯伯帶我來台北。我來台北就想來圓環，那時東區還是稻田，101是敲敲打打、做槍炮反攻大陸的兵工廠，根本是野外。到台北來不是去西門町就是去圓環吃。那位長輩給我叫了蚵仔煎，加了蛋，人間美味，那時。他看我吃得樂，很滿意。

那時的蛋糕還是厚奶油做的，比凍機油還硬。後來大三，五十八年左右，我去中央酒店跳舞，吃到泡沫奶油（cream cake）蛋糕。人間美味，那時。現在？什麼蛋糕也不稀奇了。

沒了，到大賣場去了。只有我老了，頭禿了，冬天戴帽，還會去後站的帽店買幾頂帽子。

我工作的地方離圓環走路就到，但中午，我從來沒去那裡吃飯。台北市政府也搬走了，台北像一盤沙子，重新抖過，圓環抖不見了。

十多年前，過年我還去迪化街買點花生、瓜子、鹽漬鮭魚。現在，冷燻鮭魚都吃膩了，迪化街也不去了。

還有，最重要的，生活型態變了，氣候變了。以前，圓環是日本町人文化的產物，腳登木屐，穿著浴袍衫褲，喀喀達達的走到這裡。不只圓環，旁邊還有許多食店。坐在這裡，車子不多，人聲還可以蓋過車聲。空氣尚好，氣溫不高，過街尚不難。但後來呢，車潮不斷，城熱如焚，有人能夠坐在馬路中心吃東西嗎？沒冷氣能生存嗎？露店難活。當你有了車，當你丟掉了木屐，你不會再去圓環，去了兩者都痛

■郭冠英2006年8月2日在《中國時報》人間副刊，創作〈繞不出來的圓環〉，自稱「高級外省人」只是文學上的自嘲，並無自誇或貶抑他人的想法。

來看高級外省人的宮廷鬧劇

四十多年前我讀國中時，還不流行「好人卡」，否則我打撲克牌一定不用花錢買。班上有位高富帥、功課好還會打籃球的同學，校內女生看到他，就像現在機場裡的那些哈韓族，可以一秒鐘格格變花癡。偏偏這樣的帥歐巴，暗戀一位眷村女孩，他是學校作文比賽冠軍，卻堅持拜託我替他代筆。

可惜當時我也才十四歲，要解釋外省人也分三六九等這麼複雜的歷史背景與社會現象，非我能力所能及，只好隨便代寫了封「仰慕信」交差了事。前幾年我們在同學會上聊起這段往事，他說那年代的本省小男生，就覺得外省小女生特別有氣質、有禮貌、有自信、有教養……但我打斷了他的話：

「第一代外省人大多隻身來台，擺脫了宗法社會裡重男輕女的傳統。家裡又沒田可耕，也不需要男生的力氣。最重要的是有教育補助費，只要考得上，升學機會不輸給男生，所以她們看起來會比本省人，尤其農村來的亮眼。」

同學點頭贊成我的說法後，我就繼續說了：「但這只是因爲她們一直處在順境，所以看來樣樣都好；一個人的人品高下，只有在處逆境時才看得準確。」

•

二〇一四年縣市長大選，六都裡國民黨輸了五都，藍綠板塊翻轉；二〇一六年總統與立委選舉，國民黨輸得更慘，國會席次剩不到三分之一，許多連任多屆的藍營票倉立委，竟然也都中箭落馬。

雖然我是宅男始祖，不懂現實政治，但也觀察到一個社會現象，那就是國民黨經過這次慘敗，終於揭穿了高級外省人溫良恭儉讓的形象，只不過是不堪一擊的化妝技巧而已。

狗急跳牆，人急撒潑，這是所有生物的天性。戒嚴時代的權貴子弟，因爲處於順境，總能裝出一副溫良恭儉讓的官模官樣；但不用等到改朝換代，巨變前夕他們就原形畢露了。

二〇一五年五月十二日，卸任市長郝龍斌在深藍名嘴趙少康的ＴＶＢＳ《少康戰情室》節目裡，齜牙裂嘴地痛罵柯文哲「俗辣」「打手」「小人」，二〇一六年果然空降基隆競選立委失敗。

連勝文與郝龍斌一樣是靠爸族，在國民黨初選裡打敗丁守中，市長選舉卻敗給政治素人柯文哲，連帶拖垮其他五都選情，讓藍營支持者很同情丁守中。不過大家必須認清國民黨的生態，丁守中雖是我們北投這裡的七連霸立委，但他與朱立倫一樣是靠岳父族，裙帶關係雖不及臍帶關係，依然還是次級權貴子弟啊！之前幾次選舉他能溫良恭儉讓，那是因爲對手威脅不到他。

上一屆北投這裡綠營無人出戰，只好徵召歌手楊烈；但這次民進黨徵召在地市議員吳思瑤，加上大環境不利國民黨，丁守中就慌了手腳。一月七日上午召開記者會時，竟酸吳思瑤是一個「坐四望五的女人」，遇到小孩還自稱是「思瑤姐姐」。實在不懂丁守中說這話有何意義？張小燕都六十八歲了，還大你丁守中六歲，大家也都叫她小燕姐，叫「姐姐」不行嗎？

連任失利後丁守中又將砲口對準黨中央，批評這次選舉中他面對民進黨傾全力幫吳思瑤助選，總統候選人蔡英文、副總統候選人陳建仁、台北市長柯文哲等幫吳思瑤站台超過二十以上，卻沒看到國民黨中央下來幫忙。還痛批已請辭的國民黨發言人楊偉中莫名其妙，連和碩董事長童子賢都登廣告力挺他丁守中，但楊偉中不但不聲援，還在電視上說：「看了很汗顏，長得跟黃復興黨部的催票信一樣。」

丁守中由於前幾次選舉都是壓倒性的勝利，以致犯了國民黨台北市議會書記長陳永德評論的「競選起步太晚、太大意、太輕忽情勢」。但丁守中輸了就輸了，罵再多也沒用，不然前七次被你打敗的綠營對手，是不是也要來抱怨一下？至於那則告急廣告，像不像黃復興黨部的催票信，大家看了自有公評，罵一罵難道就能變得比較不像黃復興嗎？

•

連任失利的資深立委，選舉占上風時溫良恭儉讓，選上時溫良恭儉讓，但輸一次就氣急敗壞，完全擺脫高級外省人那一套，這種「官場現形記」在行政院裡更誇張。

一月十八日《民報》報導，馬英九中午前往行政院長毛治國寓所，希望慰留毛治國，卻由毛太太站在門外，表示毛治國不願意相見，不讓馬英九進入家門。因毛治國態度堅決，馬英九在門外等了五分鐘後只得離開。在馬英九離開後，毛治國才從家裡出發，赴行政院參加臨時院會。

《自由時報》報導，批踢踢八卦版上網友議論紛紛。有網友指毛治國「傲嬌」、「耍小孩脾氣」，也有網友表示，「是在演三顧茅廬嗎」；更有網友搞笑說出毛內心OS爲「別想再握我的手」。筆名「人渣文本」的作家周偉航，也在臉書上表示，若毛治國拒見馬英九，不是兩人事先套好招，而是眞的不肯見馬英九，那麼「毛治國眞是草莓耶」。

但毛治國眞的這麼草莓嗎？其實這是兩蔣宮廷中的朝儀。同樣是高級外省人，上面還有比較級與最高級。大官子弟只是高級，外戚才是比較級，而皇族算是最高級。

在皇族眼中，蔣氏王朝裡再大的官，也只是他家養的狗，你老子來他都不甩你了，還把你這龜兒子放在眼裡嗎？大家看當年蔣友柏罵連戰罵得多痛快啊！毛治國又何嘗不是？他姓毛啊！浙江奉化人啊！馬英九算什麼啊？

馬英九在總統任內，蔣氏王朝的皇親國戚，多少給你們這些當年的閹宦子弟留點面子。但現在選輸了，大家都回到原點了，讓你在冷風中罰站五分鐘，只是讓你學點規矩。至於高級外省人的宮廷鬧劇，未來還有什麼發展，有得瞧了。

毛揆神隱 內閣放空？

不接受慰留 消失40小時 給馬吃閉門羹

【記者楊湘鈞、李昭安／台北報導】執政的國民黨大選慘敗，選後行政院長毛治國聲明絕不接受慰留並「消失四十小時」，逼使馬英九總統昨午親赴毛寓所探望，毛揆雖在家卻由太太應門，讓馬在門口足足吃了五分鐘閉門羹。

總統府稍後發布新聞稿指出，馬總統請毛夫人代轉慰勉之意，並請毛院長在總辭批准前，以國家大局為重，堅守崗位；並指示行政院，在總辭批准前一切正常運作，「不可有看守心態，不可有負人民所託」。

下午毛治國終於露面率內閣提出總辭，隨即請假「靜候交接」，由行政院副院長張善政代理院長。毛揆與閣員拍完「畢業合照」後僅簡短對媒體說：「我的意見在之前聲明稿中講得很清楚（即不接受慰留）」，說完便匆匆離場。

行政院發言人孫立群轉述毛揆談話指出，毛對個人請辭及率內閣總辭的心意「自始至終沒有改變」，懇請社會各界尊重新民意及全民共同期待，建立多數黨組閣及責任政治憲政慣例，避免國家政務推動陷入空轉。

總統吃閉門羹相當罕見。廿多年前李登輝為爭取總統連任，登門拜訪前國大代表、當時行政院長李煥之妻潘香凝，也被潘以「身體不適」為由賞李閉門羹，李煥事後致歉表示當時人不在家，不知李會突然去訪。

據了解，馬總統從上周六即持續從官邸打電話給毛揆，但均未通上電話；昨前往毛揆寓所前已事先通知，但抵達時毛揆的太太錢瑩瑩已站在門外，表明毛不願意見，且未讓馬總統進入門內。由於毛態度堅決，馬總統在冷風中等了五分鐘未果，只好離去。據了解，馬總統離開後，毛揆即從家裡出發，前往行政院參加臨時院會。

知情人士指出，雖毛揆數度拒接電話，但馬總統考量到政局穩定，即使幕僚勸說不必親去，仍決定以大局為重親往毛寓所拜訪，行前也透過幕僚先行聯繫，沒想到仍吃了閉門羹。

馬總統親探毛揆空消息傳出，政院表示毛揆上午已請假並未進入行政院；但毛揆是否在家刻意「避不見面」？幕僚和發言體系都口徑一致稱「不清楚」。

相關新聞見A3

內閣總辭

毛隨即請假 張善政代理

行政院長毛治國（中）昨午在自宅給來訪的馬總統「吃閉門羹」後，隨即赴行政院召開臨時院會提出總辭，全體內閣再轉赴大禮堂合照。毛表示，該說的都已在聲明稿中，隨即在媒體前深深一鞠躬。

行政院副院長張善政（前右）表示，毛揆請假期間他會代理。記者蘇健忠／攝影

■2016年1月19日《聯合報》1版報導，馬英九前往行政院長毛治國寓所慰留，卻由毛太太站在門外阻擋，讓馬英九在門外吃了5分鐘的閉門羹後離開。

素珠之亂不是種族歧視，是階級壓迫

階級，是台灣各世代、各性別與各族群共同的禁忌話題。任何社會事件，從網路到媒體，大家去戰世代、戰性別或戰族群的都有；但卻有一個共同默契，就是對階級問題避而不談。

二〇一六年六月初爆發的「素珠之亂」，以及接下來藍營政客操弄的什麼「反族群歧視法」，就是最典型的惡例。

二〇一六年二月二十八日，擁有「台灣民政府身分證」的「台灣公民」，且長期以來自稱是公民記者的洪素珠，於高雄二二八和平紀念公園「採訪」外省老杯杯[1]，並在六月九日將影片ＰＯ網。

影片中她指責對方是「中國難民」，要他「滾回去祖國」。雖然被害者想離開，但洪素珠卻不死心，不斷大聲辱罵對方「不要臉」。事後洪素珠還發文聲稱，「台灣民政府」對於台灣外省族群，皆認定爲「中國難民」，而非台灣公民。

洪素珠在臉書上隨機辱罵老榮民的ＰＯ網影片不只這一件，顯然並非單一事件，多年來她已多次在高雄市街頭進行類似行爲，只是大多數老榮民選擇無視與原諒。

最可笑的是影片中竟有她對操福佬語口音的八十歲老翁，還是照樣雞同鴨講的謾罵，這樣的影片也PO網，早已不是正常人的行徑。兩岸鄉民對其人肉搜索，公布了她的工作、地址和手機號碼，全台各大媒體也開始報導。

•

事情鬧大了之後，洪素珠在面對記者採訪時，仍聲稱是對方先挑釁才反擊。但她自己PO網的影片中，卻都只有她自己在潑婦罵街的聲音，卻不見任何對方挑釁的證據。她受訪時只是一副若無其事的對媒體說：「看你可不可以把那個伯伯找出來，我跟他道歉。」還一派輕鬆說：「你又不是不知道中國榮民的品質就是那樣。」

在下樓接受記者採訪前，荒謬的是洪素珠並未選擇向發給她身分證的「台灣

1 鄉民用語，即老伯伯。

民政府」尋求保護，而是向「非法占有台灣的中華民國」警方報案。但轄區高雄市警察局三民一分局三民派出所仍然派員前往發現，現場都是前來守候的媒體記者，並沒有要對洪不利的人。

同一時間「台灣民政府」也發出聲明，表示：「對於洪姓公民記者的發言確實有不妥善的地方，應該自己要出面修正。」；「台灣民政府方面並無所謂的公民記者，洪姓女士的言行與台灣民政府無關。」

行政院發言人童振源則表示，針對洪素珠辱罵老榮民事件，院長林全支持高雄市警察局進一步了解並依法執法，退輔會主委李翔宙也已報告此事，並正在尋找受辱的榮民，以便安撫與提供協助。

另一方面高雄地檢署也發布聲明，表示將介入調查，於十三日上班日列他字案進行偵辦。但表態最積極的竟是國民黨主席洪秀柱，十一日就提出該黨擬制定「反族群歧視法」。

•

洪素珠刻意選在外省人比例較低的南台灣，專挑貌似外省退伍老兵者挑釁，甚至找錯人時，發現對方是操福佬口音的老夫妻，照樣謾罵並PO網，這怎麼還會是什麼族群問題？這是階級問題。

台灣這幾年來在媒體上最赤裸裸地散發族群偏見的兩人，就是軍頭郝柏村與白狼張安樂。郝柏村只要一遇到選舉：就把對手當成「皇民」。二〇一四年十一月十九日《蘋果日報》報導：

「行政院前院長郝柏村下午參加中視《政治三缺一》節目後表示，無黨籍台北市長候選人柯文哲是台灣皇民的後裔，柯的爺爺同前總統李登輝一樣都是皇民，做官不做官都不重要，當時的皇民都是日治時代在台灣的特別、特權階級，當然也許會懷念日治時代當時的地位，這是情理之常。」

郝柏村在北市輔選國民黨提名人連勝文時，因為這段「皇民說」引爆各方批評，指他撕裂族群，選後外界也認為這段將日治時代的台灣人視為皇民，不但嚴重挑起省籍情結，也是國民黨敗選的主因。但是即使拖垮了台北市連勝文的選情，甚至連累了基隆市立委郝龍斌的選情，郝柏村依舊不會閉嘴。

說穿了郝柏村選前不認錯，選後不改口，發言甚至更加麻辣的原因也不奇怪。白癡也看得出民意支持度探底的馬英九，不但會讓國民黨失去總統寶座，連立院多數黨也不可能保有，就像一九四九年中國全面赤化之際，老蔣要排除李宗仁等黨內一切其他勢力，獨占台灣爲根據地，如今的國民黨不也就像一九四九年的台灣？

•

二〇一四年六都與縣市長的地方大選，國民黨被郝柏村的候選人助選時的「皇民說」拖垮，幾乎完全被殲滅後，十二月九日《自由時報》報導，郝柏村到高雄西子灣的中山大學演講「八年抗戰與兩岸關係」，在答覆「台灣光復了嗎？」的提問時表示：

「大家只重視二二八、白色恐怖，卻不重視台灣如何光復。二二八包括失蹤者不到一千人，加上家屬一萬人，白色恐怖槍斃的都是外省人，這中間可能有冤枉的，包括柯文哲祖父是皇民，二二八被抓了三天挨了打，當然與他基本思想有關；而李登輝也是皇民，有日本名字，這就是少數在台灣特殊權貴。」

日治時代的台灣人有日本名字，這有什麼稀奇。孫文的日文名字叫「中山樵」，蔣介石的日文名字叫「石岡一郎」。如今郝柏村這無知的大軍頭，到日本名字的「中山」大學去演講，還要罵李登輝與柯文哲的祖父有日文名字，這不就是最典型的族群歧視嗎？爲什麼高級外省人可以用日本名字當中華民國的國父？當五任總統再傳給兒子當二任？有日本名字的台灣人，第三代卻連個市長都沒資格選呢？

•

另一個煽動族群仇恨的就是白狼張安樂，二〇一四年太陽花學運時，張安樂群眾意圖進入國會，在鎮江街口與組人肉牆的民進黨議員，隔著警察叫囂。據四月一日《蘋果日報》報導，張安樂站在宣傳車上，拿著麥克風叫囂，接著向國會內的學生喊話：

「我們不達目的誓不罷休，把國會還出來，不讓我們進去，你們既然敢包圍行政院、包圍總統府，你們人也比我們多，就這樣躲在後面，爲什麼不敢讓我們進去，恬不知恥，中國人不需要你們，中國人不需要你們，攏是中國人『幹』出來的。」

要比公然發表仇恨式的族群歧視言論，郝柏村的「皇民說」與張安樂的「中國人『幹』出來說」，都比「素珠之亂」嚴重。

問題是洪素珠欺善怕惡，只敢找安分守己的南台灣老榮民挑釁，卻不敢去找一出門就警衛森嚴的白、黑兩道頭子，很明顯這就不是族群歧視，而是階級壓迫，全台灣每個人都知道郝柏村與張安樂是什麼背景，洪素珠當然也不例外，所以她只敢去找老榮民的麻煩。

在台灣，最常遭受歧視的族群，就是來自東南亞的外配與移工，其次則是原住民，再來是客家人。至於明顯占有與人口數量不成比例，握有相對優勢的外省人，以及在人口數量上占絕對優勢的本省人，在需要制定專法來保障的優先次序上，都是假議題。

洪秀柱與國民黨都別假仙了，「反族群歧視法」能約束郝柏村的「皇民說」與張安樂的「中國人『幹』出來說」嗎？大家打開天窗說亮話，「素珠之亂」不是種族歧視，是階級壓迫。

立院內外 隔空互嗆

白狼：你們都是中國人幹出來的

被嗆黑道 張安樂怒飆髒話

〔記者陳慧萍、甘芝萁／台北報導〕中華統一促進黨總裁、「白狼」張安樂昨率數百民眾「進攻」立法院，親自站上宣傳車，拿起麥克風對學生「諄諄教誨」，強調服貿對台灣經濟發展有利，但被在場民進黨市議員嗆聲「黑道」、「通緝犯」，張安樂不滿發言被打斷，立刻火爆反嗆「你們才是貪污道」，最後他越講越怒，竟飆出髒話：「你們數典忘祖，我要講句台語的粗話，你們都是中國人幹出來的！」

張安樂昨突出現在監察院前，媒體詢問時他怒批占領國會的學生是「土匪」，還說林飛帆、陳為廷是「蔡英文養的職業學生」；隨後他在身邊人士簇擁下走向鎮江街口，登上宣傳車向立法院學生喊話。

張安樂一開始還「理性發言」，以旅行業、會計師為例，強調服貿協議對台灣經濟發展很重要，但話沒說完，就被趕來聲援學生的民進黨市議員、台聯黨公職嗆聲「黑道」、「通緝犯去坐牢」；張也不甘示弱反嗆「你們這些貪污道就不要再講了」、「你們哪個沒有貪污？敢說沒買票嗎？你們什麼東西？」

大罵民進黨 比兄弟還不如

張安樂破口大罵民進黨「恬不知恥」、「比兄弟還不如」，「你們誰沒有貪污？你們哪個沒有和兄弟混在一起？我都看過你們了，民進黨就是白天罵黑道、晚上叫大哥」；張安樂還當場點名：「陳其邁，把你爸爸管好！高志鵬，你自己案子多少？」

學生：狼群訴求對象應是馬政府

學生們沒有公權力答覆訴求

〔記者陳彥廷、曾韋禎、甘芝萁／台北報導〕白狼張安樂昨率眾嗆佔領立院的反服貿學生，議場學生數度召開記者會回應，學生代表林飛帆強調，反反服貿的訴求對象不應該是學生，應與學生共同要求政府建立兩岸協議監督機制；學生代表陳為廷也說，學生們沒有公權力答覆他們的訴求，他們應該把訴求送進總統府。

學生們謹慎因應白狼來襲，林飛帆一早就開記者會強調以和平非暴力原則盡力守住國會，警方也提醒林飛帆、陳為廷等學生領袖不要步出議場，氣氛顯得緊張。

警方於中午過後加強警力支援，民進黨則下令黨籍市議員在立院外、黨籍立委在院內的分工方式做好防護圈，協助維護學生安全。議場嚴格門禁，一度連立委進入都受阻攔，林飛帆則到議場二樓試圖遠眺院外情況，但因為距離有點遠，什麼也看不到。

白狼於下午率眾接近立院外，並與反服貿群眾、警方對峙，期間學生在議場內再度召開記者會。林飛帆說，學生也是被壓迫的無力者，只有馬政府才有權力解決現在的問題。他認為，反反服貿應該也與學生共同要求政府，建立兩岸協議監督機制，讓人民可以參與。

反服貿、反反服貿 對話無共識

陳為廷也說，尊重反反服貿的訴求，但他強調，學生不是政府，沒有公權力答覆他們的訴求，應該把訴求送進總統府，問馬政府何時才想解決問題。

■2014年4月2日《自由時報》3版報導，太陽花學運時，竹聯幫份子張安樂站在宣傳車上，拿著麥克風叫囂：「你們都是中國人『幹』出來的。」

蔡正元爲什麼要捨近求遠呢？

自稱「公民記者」的台灣民政府成員洪素珠，假借訪問卻羞辱老榮民爲「中國難民」，並要他們滾回去，引發社會譁然，所有政黨都同聲譴責，連洪素珠所屬的團體台灣民政府，也忙著矯情地與她劃清界線。

在這場弱弱相殘的「素珠之亂」裡，臉書的訊息總是比政客老實且精準。例如臉友鍾明非說：

「一個老兵身分背後，真正屈辱的印記所刻畫的是他因階級而被決定的命運、與因此現世目睹信仰被背叛的那種悲涼。舉例來說：『殺朱拔毛』、『反共抗俄』這種刺青圖騰，是絕對不會出現在高級將官身上的，只有士官以下的兵才會傻傻的信自己手臂上所寫的教義（因爲手上刺的其實是上級對他的承諾），直到死前才發現只剩自己還傻傻的相信。

而如今會跳出來突然關心起老兵、其實是借題發揮的這群人，也只會是高級外省文官或將官之後的那群人（抱歉我很直白，在此也犯了把這群人一體化的危險），因爲老兵是他們手上僅存的具有故事戲劇效果的政治資產，當然這群高級外省文官或武官是否早已揚棄反共抗俄，我想大家都很清楚。證據是當郭冠英在電視節目上說：『軍人水準差，老兵活該被騙』時，我沒有看到如今這群正義人士曾出來借題發揮一下，沒有。」

•

鍾明非與我一樣是個芋仔番薯，我們這些在底層社會裡長大的外省賤民，心裡都明白這個事實，如鍾明非敘述他那沒拿終生俸被兩蔣「放生」的父親，「吃最多苦受最多委屈與羞辱的，從來都是外省族群分布在軍公教龐大既得利益體系中的『階級』這件事，因爲他處在這個既得利益體系中的最底層。」類似成長背景的臉友許映鈞也說：

「多數孤苦的老榮民，是國民黨政權下的受害者。其中不少是非自願從軍，來台後又不被批准結婚，不准退伍。國家雖然照顧了他們的生存，也限制了他們在精華的人生階段中去追求自己的幸福。所以，有部分就一輩子沒有結婚。有部分在退伍後已經四十幾五十，就買個原住民少女來結婚，或娶個身心障礙者，只要能傳宗接代就好。

在開放兩岸通婚的年代，部分已經步入六、七十歲的榮民，又開始新一波娶陸配的結婚潮。這其中當然發生了許多弱弱相殘的家庭悲劇。始作俑者，當然是國民黨政府。但是榮民多年來，又是國民黨的鐵票部隊。

其實，在一無所有的時候，除了政府灌輸『忠黨』愛國的教條，還有什麼可以拿來當作心理依託的呢？（縱然那實質上是一種剝削）這其實是政治上的斯德哥爾摩症候群。我看是治不好的。而且，對已風燭殘年者來說，不如一路夢到死，也比清醒的痛苦來的人道一點。台灣主流社會走到今日，大概還有一點雅量吧！」

我們這些戒嚴時代在底層社會裡成長的外省賤民，早已看穿了國民黨內那些權貴子弟的選舉話術；但這些高級外省人不再開口後，國民黨政策會執行長蔡正元，六月十一日卻在臉書上繼續鬼扯：

「親台獨的『中國難民』是應該出面說說話：林全（江蘇）、姚立明（浙江）、段宜康（江蘇）、王定宇（海南）、顧立雄（上海）、謝志偉（廣東）、金恆煒（浙江）、馬永成（福建）、陳師孟（浙江）、鄭南榕（福建）、梁文傑（浙江）、趙天麟（安徽）、戴立忍（山東）、尹伶瑛（湖南）、劉一德（湖南）、廖中山（河南）、宗才怡（安徽）、趙士強（浙江）、小野（福建）、周玉蔻（山東）、陳立宏（福建）、馮光遠（上海）、王時齊（湖南）、于美人（青島）。」

蔡正元的臉書點名被《中時電子報》轉載後，只有一堆「人一藍，腦先殘」的兩蔣粉絲在按讚吹捧，被點名的外省人似乎都沒回應。於是蔡正元在臉書又加碼說明：

「有網友質疑蔡正元的論述，是外省人的言論。抱歉！蔡正元一向就事論述，跟蔡正元是什麼省人無關。但要談省籍，蔡正元是本省人，父親是雲林北港人，母親是彰化鹿港人，祖母是宜蘭羅東的客家人。本人是外省人的女婿，蔡正元多年來一直都是台北市國民黨籍唯一的本省籍立法委員。蔡正元問政只論是非；不論省籍和黨籍。」

蔡正元點名二十四位外省人，要他（她）們對「素珠之亂」出面說說話，國民黨裡竟有這種水準的政策會執行長，硬要把階級問題冒充是省籍問題，既然被點名的二十四位外省人不理蔡正元，那麼由我這學歷史的外省賤民來回答吧！

鄉民們大概都看不懂，蔡正元爲什麼自稱「外省人的女婿」？莫非最高法院已定讞要吐還中影資產一億七千萬元的阿波羅公司特助「馬尾妹」的爸爸是外省人？沒這麼複雜啦！今年一月六日《聯合報》才刊載，蔡正元受訪時不是強調：「前妻也是妻，還是會照顧前妻一輩子，老夫老妻了還是疼惜，還是愛。」

蔡正元確實是出身貧寒的雲林人，父親去世後他輟學當練習生，奮發向上的他雖然考上了台北高工機械科（現在的大安高工），但在戒嚴時代的教育體制下，高職生仍是社會的邊緣人。

了解當年國民黨這樣的封建體制，怎樣對待對本省人？尤其是怎麼對待那些非地方派系首腦家庭的本省人？蔡正元能放洋讀書，在海外從事什麼活動？回國後怎樣投資致富？怎樣從政到怎樣獲提名選上立委？前妻家族的全力支持，當然功不可沒。

但蔡正元少說了一點；他的前岳父是特務，並不是我們這種外省賤民。國民黨在台北市八個立委提名人，其他幾個外省人，最多也只有馬英九那個大學聯考作弊的姊姊馬以南站台，只有蔡正元能得到馬英九出生軍統的特務媽媽青睞，破例跨刀站台。二〇〇一年十一月二十日《聯合晚報》的選舉花絮就提到〈蔡正元助選有籌「馬」〉：

「國民黨北市北區立委候選人蔡正元，不僅是馬英九的哈佛學弟，更是馬媽媽及馬大姐的政大學弟，受到馬家的全力支持。從不曾爲其他候選人站台助選的馬媽媽，日前不僅爲蔡正元破例，而且還是抱病參加，這份情誼讓蔡正元十分感動。而馬媽媽說，她不來不行，因爲在馬英九選舉時，蔡正元幫了好多忙，馬家人理當要回饋，所以只好爲他破例了。不過，馬媽媽隨即又強調『下不爲例』。」

二〇〇一年十一月十八日《聯合晚報》四版「選戰特別報導」〈蔡正元請出馬媽媽〉：

「『馬英九叫我來，就只好來了。』已八十高齡的馬英九媽媽，昨晚在爲國民黨立委候選人站台拉票時，除了自稱是『三軍』，是馬英九牌的指定第二代打外，而且一開始就很誠實地向台下選民告白，『今天我背痛，我是很勉強來的』，但仍是一位稱職的助選員。有著高挺鼻子及白皙膚色的馬媽媽，實在看不出已屆八十高齡。」

那次的立委改選，國民黨在台北市北區提名陳雪芬、丁守中、穆閩珠、蔡正元四人，南區提名陳學聖、潘維剛、章孝嚴、陳鴻基四人，其中只有陳雪芬與蔡正元是本省人，當時阿扁剛當選總統，馬英九則擔任首都市長，成了國民黨內影響力最大、人氣也最旺的助選員。

馬英九的外公秦承志是軍統局的，女兒秦厚修也是，所以才會招來馬鶴凌這個特務女婿。自稱「外省人的女婿」蔡正元，在臉書上點名要這麼多外省人出來對「素珠之亂」發表意見，何必這麼麻煩，捨近求遠呢?就問一下「也是妻，還是會照顧」的前妻吧!

娘子軍出馬 馬英九的媽媽(中)和候選人蔡正元的媽媽(左)及太太(右)合照，首次站台的馬媽媽受歡迎程度，不亞於馬英九。 記者謝素娟／攝影

蔡正元請出馬媽媽

馬英九指定第二代打 新秀助選員很圓熟

記者謝素娟／台北報導

「馬英九叫我來，就只好來了。」已80高齡的馬英九媽媽，昨晚在為國民黨立委候選人站台拉票時，除了自稱是「三軍」，是馬英九牌的指定第二代打外，而且一開始就很誠實地向台下選民告白，「今天我背痛，我是很勉強來的」，但仍是一位稱職的助選員。

有著高挺鼻子及白皙膚色的馬媽媽，實在看不出已屆80高齡。為何會為蔡正元站台，馬媽媽答的很妙，她說，「是馬英九叫我來的」，原來這個場子是希望馬英九出席，但馬英九已排了既定行程無法分身，所以要馬大姊(馬英九姊姊)出場，不料馬大姐有事，也沒辦法來，所以馬英九就要馬媽媽代為出席了。

■2001年11月18日《聯合晚報》4版報導，蔡正元雖是台北市8個國民黨提名人裡少數的本省人，卻因前岳父的特務背景，得到馬英九媽媽的站台相挺。

蔡正元錯了，「難民論」源自國民黨

拜一意孤行的馬英九之賜，國民黨在二〇一六年總統與國會大選裡慘敗，很多人都以爲這個黨從此不會再有新聞版面了。但殘存的這些比愛國同心會還「同心」的黨員們，選了洪秀柱做主席，洪秀柱又欽點了蔡正元擔任政策會執行長，讓下了野的這個政黨依然天天有新聞。例如二〇一六年六月十一日《聯合報》的〈中國難民論，蔡正元：出自蔡英文「流亡政府」說〉：

「飆罵老榮民的影片引起爭議，國民黨政策會執行長蔡正元在臉書貼文，指洪素珠說『中國難民滾回去』，蔡英文說這是『族群偏見』，蔡英文錯了，這不是『族群偏見』，這是標準的『政治謊話』。

蔡正元認爲，『中國難民』的說法就是來自『中華民國是流亡政府』，這句話不就是蔡英文說的嗎？『中華民國是非法軍事占領台灣』，就是『中華民國是流亡政府』的改編，『美國在台軍政府』不就是蔡英文的恩師陳水扁的延伸版？

蔡正元表示，『日本人簽舊金山和約只說放棄台灣沒說要給誰』、『開羅宣言只是沒效力新聞稿」、「日本時代我們是日本人』，『台籍慰安婦是自願的』、『日本人建設台灣功勞最大』，就是『中國難民論』的原典。」

•

俗話說得好：「武大郎玩夜貓子，什麼人玩什麼鳥。」沒有這種智商的國民黨員，選不出洪秀柱這樣的黨主席；沒有這種水準的黨主席，選不出這種無知卻多話的政策會執行長。「素珠之亂」本來能替國民黨加點分，但卻被這個不懂歷史，更不懂黨史的蔡正元給搞砸了。

孤陋寡聞的蔡正元，知道貴黨一九四九年時，黨內那些高級外省人怎麼稱呼我們這些逃難來台的外省賤民嗎？請看貴黨的黨報《中央日報》，一九四九年五月二十九日報導：〈難民擁塞基隆，街頭風餐露宿〉：

「日來榕（福州）穗（廣州）等地湧來大批疏散人員，本市（基隆）各旅館均告客滿，很多人無地安身，便在招商局邊及愛四路等熱鬧區馬路人行道上，掛帳睡覺，起爐煮飯，一片流亡景象。」

蔡正元身為國民黨政策會執行長，卻不知早在一九四九年，貴黨的黨報，新聞標題就已明示我們這些人是「難民」。蔡正元或該黨內其他黨棍若不服氣，本魯[1]就再用《中央日報》標題檢索，讓各位看看「難民」一詞是誰先用的？

(1) 一九四九年五月二十一日〈中興載客抵基，戰火中通過吳淞口，船舶難民擁塞基港〉。

(2) 一九四九年八月十九日〈妥善安置來臺難民，疏移農墾介紹職業〉。

(3) 一九四九年八月二八日〈救濟難民，社處擬就辦法，來臺難民約二千人〉。

(4) 一九五〇年六月七日〈九死一生離匪區，反共報國恨無路——流亡在港難民的呼籲〉。

(5) 一九五〇年七月二十日〈港當局商覓辦法，遺留港難民來臺〉。

(6) 一九五一年四月二十日〈調景嶺難民營殘廢軍人籲請來臺效命黨國，立院會議今列入議程〉。

(7) 一九五一年四月二十一日〈大陸難民逃港，匪幹包庇出口〉等等。

•

一九四九年時，高級外省人來台只是搬家，他們不但全家同來，連汽車、沙發甚至豢養的貓狗都來了。但我們這些外省賤民，好不容易到了台灣，拿的卻不是國民身分證，而是官方核發的「難民證」。一九五一年九月二十七日《聯合報》第七版讀者投書〈舟嵊撤退來台難民，因無身分證，找不到職業，呼籲當局解決〉就說：

「編者先生：我是去年五月舟嵊撤退來台的難民之一，持有本市市政府發給的難民證，經按規定手續，呈報流動户口，可是一直到現在還未取得正式户籍。

難民證定明是報户兩月後，換得身分證，現在過了這麼多的日子，換不到是什麼道理？要證明，我存有以往服務證件（過去在大陸服務行政界多年，與匪周旋，出生入死，自問稱忠貞人士，並無愧怍）。要保證，也可以找到保證；但是如何才能取得正式户籍？請張托李跑壞兩雙鞋子，費盡九牛二虎之力，總算找到一個小事，帶著行李去到差，一進門那管人事的職員，就要我户口騰本。我拿出流動户口證給他，『不行，非户口騰本不可』！

踉踉蹌蹌的再向住在地派出所、區公所商求，結果徒淌幾身臭汗，『對不

1 源自英文「loser」失敗者，網路鄉民引爲自稱，以「本魯蛇」來代替「我」，簡稱「本魯」。

起！我們沒辦法！』蒙他們婉言拒絕了！我也只好捲起行李，垂著昨天歡樂臉孔踱回來。我究竟該辦什麼手續才能早日取得正式户籍？現在户籍等手續太繁瑣，我是弄不清楚的，也許就是因爲我對手續不清楚，才有今天的煩惱。素仰　貴報熱心服務社會，敬希賜以一角披露，請有關當局俯予解答。不勝感戴之至！謹頌

撰安　難民董海蓬敬上。」

當時來台的外省賤民，被國民黨在戶籍上就是核定爲「難民」。十月二十二日《聯合報》第七版服務欄也刊載〈舟山海南來台難民，户籍問題亟待解決〉：

「編輯先生：素仰貴報爲民喉舌，服務社會，解除繁難，良深感佩，鄙人等茲有切身問題，敬祈　貴報代爲諮詢有關機關，並在社會服務欄公開答覆，不勝感禱：

(1)鄙人等均係不甘爲赤俄走狗奴隸而離鄉背井，於去歲三、四、五月間，由舟山、海南、泗嵊等地隨國軍撤退難民，輾轉來台，因時間匆促未及辦理入境手續，格於法令，至今尚無户籍。今春市參議會有鑒及此，特商請市府放寬尺度，變通辦法，『由社會科限五月底止補辦難民登記手續，領取難民證，向警局辦理臨時户口，據限決於兩個月內經考核後，即可辦理正式户口』，而迄今爲時五

月，石沉大海，經辦人員，均以『不知道』一語答覆，而使難民驚惶失措，未識何時可予頒下？抑當局另有變通辦法？

(2)此次遵限辦理此項登記者不下一千餘人，居住年餘，雖良莠不齊，然以有正當職業者居多，既無戶口，又無身分證，善良者平日裹足不敢出門，一遇戶口檢查，即須入囹圄，與人紛爭，受人欺侮，告訴至官，先自吃虧，無處求職，無地容足，無權利，無義務，變爲無國籍浪人，可憐可憫。而惡劣分子因無戶籍法拘束，四處流蕩，爲非作歹，爲臻鞏固治安，敬請當局正視此現實嚴重問題，並示如何處置。

(3)本案經辦機關：戶政科、社會科、警察局，督促爲市參會。

敬祝　筆健　楊永荃、吳志英、任大千敬上」

另外一九五五年二月二日《聯合報》第二版〈美正計劃救濟大陸難民〉也報導：

「【美聯社華盛頓一日電】據說，美國官員們已經開始研究協助供給可能從大陸撤退來台難民們的衣食住計畫。據說，將來大陸如果撤退，就會有兩萬名平民撤退來台，其中半數是漁民和他們的眷屬。在台北中國政府的一個難民收容特別機構正在尋找房屋收容這些難民。在台北的美國國外業務總署機構已經奉令向華府報告，需要如何地協助收容這些難民。」

其實還不只是新聞報導裡稱爲「難民」，連社論裡也是這樣稱呼。一九五三年七月五日《聯合報》第二版的社論〈慰勉由越返台忠貞軍民〉第一段就說：「羈留在越南富國島的中國難民及一部分退入越南的國軍官兵數萬人，已陸續全部運返自由中國的台灣，我們本於風雨同舟，袍澤相親之誼，對這一群歷盡艱辛備嘗險阻的忠貞軍民，首表慰勞與歡迎之忱。」

從一九五〇年代初期的新聞報導中可見，最早把我們這些外省賤民稱爲「難民」的，並非蔡正元提到的那八個人，而是國民黨的《中央日報》，何況還有一大堆人拿過官方核發的「難民證」。因此要奉勸「書讀太少，話卻太多」的蔡正元，你錯了，「難民論」源自國民黨。

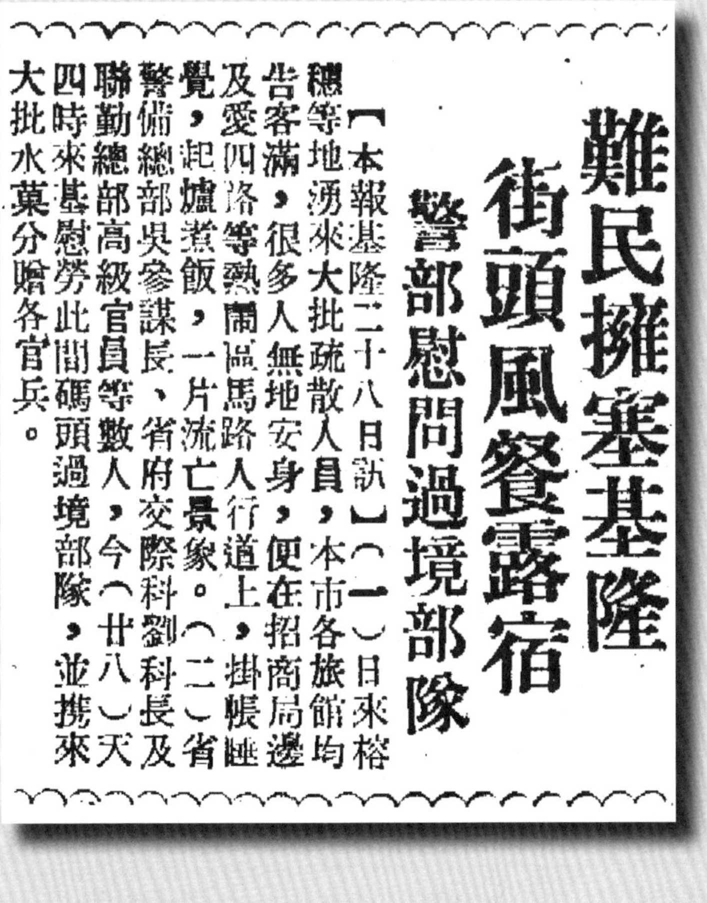

難民擁塞基隆
街頭風餐露宿
警部慰問過境部隊

【本報基隆二十八日訊】（一）日來榕穗等地湧來大批疏散人員，本市各旅館均告客滿，很多人無地安身，便在招商局邊及愛四路等熱鬧區馬路人行道上，掛帳睡覺，起爐煮飯，一片流亡景象。（二）省警備總部吳參謀長、省府交際科劉科長及聯勤總部高級官員等數人，今（廿八）天四時來基慰勞此間碼頭過境部隊，並携來大批水菓分贈各官兵。

■1949年5月29日《中央日報》3版報導〈難民擁塞基隆，街頭風餐露宿〉，國民黨才是最早將國共內戰失利後，渡海來台的新移民定義為「難民」的團體。

感謝馬英九爲我們準備好了冰櫃

沒有最爛，只有更爛。二〇一四年底九合一大選，國民黨不但慘敗，懸殊的差距，連最會酸人的鄉民們都難以想像。

選後第一時間閣揆江宜樺辭職了，黨祕書長曾永權也辭了，但棄了兩車仍無法保帥，惹出天怒人怨的馬英九，終於不甘不願地辭了黨主席。

然而搞了好幾天，最後整個內閣總辭卻變成了內閣總留，只走了江宜樺與龍應台，這種敗選後不但不換藥，連湯都懶得換的總統，實在也無藥可救了。

當年在倒扁活動時，馬英九曾說：「一個總統，施政滿意度只剩十八趴就可以下台了，不下台就是沒有羞恥心。」在位時他的民意支持度恐怕連九趴都沒有了，卻還死賴在總統這個位子上，只能用他自己的話來形容，眞是個比無恥還無恥一倍的總統。

難怪鄉民們戲謔地將馬英九、金溥聰、郝龍斌、吳敦義及朱立倫這五個當權者的名字，排列成「英金郝吳立」；或是嘲諷馬英九選前不能用腦治國、用心治國，選後乾脆用「毛」治國。

執政幾年下來，大家都已摸清馬英九的用人哲學，就是「照著鏡子找人」，專找些無知、無能又無恥的同路人。原任副閣揆的毛治國，選前擔任食安召集人歹戲拖棚、多次明目張膽的護航噓噓東[1]，讓國民黨敗到如此淒慘的地步，他的「貢獻」遠遠大於江宜樺，但選後竟升官成了閣揆。

不過我也要提醒鄉民們，對這些禍國殃民的昏君庸臣，除了在名字上戲謔以外，也該思考一個更嚴肅的問題，都已經到了這個局面，馬英九為什麼還要重用毛治國？到底是無知？還是無能？或是無恥？

•

其實政客無知、無能與無恥也都還好，最麻煩的是他們缺乏同理心，而且還毫不掩飾地透露在言語中，要讓對方與全世界都知道：「我是誰？你是誰？你不配跟我談這個問題。」

1 鄉民用語，指遠通董事長徐旭東。

兩蔣靠戒嚴與白色恐怖，維繫了四十多年的宮廷政治，豢養出來的這群閹宦家臣，他們在言語中不經意流露出的共同點，就是絕無同理心。選票的走向已明白昭示民心向背，這個內閣在眾人心中就是爛到極點，但馬英九卻依然提拔毛治國，俗話說武大郎玩夜貓子，什麼人玩什麼鳥，用在選後的內閣改組上，眞的是恰當無比。

籍貫浙江省奉化縣的毛治國，大家可想而知，他在戒嚴時代與大內之間的密切關係。一九二七年老蔣爲了勾結恐宋財團，休了在家鄉的元配毛福梅。但下了堂的糟糠妻依然能澤及後人，別說自己的兒子能繼承皇位，變成「蔣總統萬歲Part2」，連娘家的後裔也都雞犬升天。

一九五二年二月台灣風雨飄搖之際，駐美負責洽購空軍物料的毛邦初，竟帶著紐約夜總會的舞女凱莉，改名王景納斯，攜款潛逃到墨西哥。台灣與他纏訟多年後，又奉送二十萬美金當封口費，兩蔣家族的貪婪惡行，從此見微知著。

雖然毛邦初幹了這種鳥事，但毛家在政壇卻依然一路風光。弟弟毛瀛初照樣當民航局長，表弟宋時選當救國團主任，表哥周宏濤當行政院主計長。其他遠親像是毛人鳳當保密局長，毛錦彪當侍衛長，毛高文當教育部長，反正兩蔣封官賜爵就是無「毛」不立。到了馬英九這大內出身的總統，當然也就要延續傳統。

•

毛治國爲什麼會被「照鏡子找人」馬英九器重？關鍵也就在現在官場上，已經很少有人能學到當今聖上那種毫無同理心的白目語言了。

二〇一〇年四月二十五日下午二時，國道三號基隆汐止段三・二五公里處邊坡的「師公格山」發生山崩，造成南北雙向六個車道全遭土石覆蓋，至少有五人、四車被埋在土堆底下。

時任交通部長的毛治國，二十六日卻在搶救地點公開說：「冰櫃已經準備好了！」引起受災家屬極度不滿。因爲黃金七十二小時還未到，毛治國說的這番話，在心急如焚的家屬聽來，簡直就是冷血的詛咒。

當然啦！在這些一心只想著升官的皇族心中，罹難者除了製造他們官場上的麻煩，確實也還眞的一無用處，也難怪他們會脫口而出這種毫無同理心的「眞心話大告白」。

但毛治國對我們這些死老百姓沒同理心，對當今聖上卻又善體龍心，伏維矜鑒；因此才獲聖眷恩隆，不次拔擢。馬英九在勘災時的白目聖諭，比起毛治國更是登峰造極。

•

二〇〇九年八月爆發八八風災，由於台北災情較輕，以致內閣完全輕忽。十二日馬英九才南下勘災，卻在高雄旗山國中探視災民代表遲到了三小時，到了之後仍滔滔不絕地宣示聖諭。災民久候不耐哭喊：「不要再講話了，趕快救人！」而馬英九一度回身用食指比出「噓」的手勢。

九月十五日，嘉義阿里山來吉村因莫拉克颱風嚴重受創，馬英九來此與災民座談，當災民舉白布條陳情時，馬英九卻說：「讓我講完再救你們！」還請災民轉身面對，否則白布條就白拿了。直到聖諭結束時，才說：「好！我們現在可以開始救你們了！」

馬英九勘災時對災民缺乏耐心，但對災民的無禮犯上卻永誌不忘。二〇一〇年八月一日，莫拉克颱風災後重建週年座談會時，馬英九又說：「發生如此嚴重的災難，即使天仙也沒有用！」

二〇一一年八月六日，視察小林二村時又說：「八八水災期間，我一共來災區八十二次，批評的人自己才應該親自來看看。」

最經典的則是二〇〇九年九月二十一日，馬以南出席九二一震災十週年新書發表會，竟說馬英九曾寫伊媚兒向她抱怨「哼！好人沒好報。」

但我們若不要太計較馬英九的見識與器量，他確實還眞是個荒謬劇的編劇天才。二〇〇九年八八風災重創屏東縣霧台鄉及三地門鄉的原住民部落，原爲台糖用地瑪家農場，由國有財產局價購後，交由台灣世界展望會負擔興建永久屋安置災民。二〇一一年八月六日馬英九來此地，卻讚說：「永久屋住起來很涼爽舒適，感覺像在普羅旺斯！」

甚至，之前他在探視困在土石中被救起的那瑪夏鄉瑪雅村李姓姊妹，卻對窒息二分鐘的姊姊姍珊說：「妳眞不簡單，可以憋氣二分鐘。」

•

但馬英九在看到別人遇難時，最缺乏同理心的言語，應該還是這一則。二〇〇九年八月十日，在台東縣太麻里勘災時，已經失蹤四天的李姓茶農兒子李昱穎，對總統哭訴陳情。沒想到馬英九語出驚人：「我四年前失去了父親，我非常可以感受，一個做兒子的心情。」

這實在是白目聖諭經典中的經典。李姓茶農當時只是失蹤，馬英九應以總統職權，安慰他兒子說：「你跟媽媽放心，我一定會動員軍警全力搜救，你要好好照顧媽媽。」去扯自己的爸爸做什麼？

誰都知道馬英九的爸爸是死在女學生的床上，救護車來了也只能送醫院太平間；但失蹤的李姓茶農卻不一定會死的啊？困哈星[2]跟需要救援是毫不相干的兩件事，馬英九顯然不能感受向他哭訴陳情者的需要。

爲什麼今日台灣的當權者會如此沒有同理心，完全不想理解民眾的心聲。其實我也知道在一個耳朵長毛的總統[3]心中，死老百姓說什麼也是白說，該準備冰櫃的人就趕緊準備吧！

2 鄉民用語，「困哈星」音近台語的「睡學生」。

3 二〇一四年馬英九總統在接見獅子會幹部時，「口誤」將鹿茸指爲鹿耳朵裡的毛。

太麻里災民攔馬　哭喊父失蹤

陳洛薇、莊哲權、潘杏惠／綜合報導

「馬總統，我把票投給你，為什麼要見你這麼難？」台東縣太麻里鄉災民李昱穎的父親，至今下落不明，卻未列入失蹤名單中，昨天他與母親楊碧真，在馬視察行程中擋路哭喊、跪求馬英九總統協助搜尋。

馬總統隨後主動走向陳情者面前，這對母子痛哭跪倒在地，被維安人員拉起；李昱穎哭訴，他的父親李漢邦，八日清晨在茶葉園工作時失蹤，打電話報了四次案，直到九日都未列入失蹤名單，根本沒有進行搜尋，他們希望總統協助尋找父親。

李昱穎激動表示，總統大選他把票投給馬總統，為什麼現在要見馬總統一面卻那麼困難？馬英九總統則說：「我已經在這裡啦」，最後還給他愛的抱抱，撫平他激動的情緒。隨後，馬總統也慰問疏散民眾時失蹤的兩名員警家屬，懷有身孕的江文祥妻子哭訴，當天的救災狀況指揮調度有問題，直升機遲遲未到，延誤救人的時間，馬總統表示會進行瞭解。

事後部分媒體批評馬反應太冷淡，總統府發言人王郁琦澄清，馬總統神情嚴肅是因為心情沉重，說他臭臉酸災民，是不公平的說法。事實上，莫拉克颱風重創台灣，這幾天到災區勘災的馬英九總統臉色很難看，據了解，這幾天馬總統的手機也成了災害通報中心，各地立委、民間友人以及政院都向馬通報災情，馬聽了心裡也很急，立即打電話給劉揆或部會交辦，電話幾乎都是熱線狀態。

■2009年8月11日《中國時報》6版報導，馬英九赴台東太麻里勘災時，災民李昱顯因父親失蹤而攔路哭喊，馬總統卻說：「我已經在這裡啦！」

馬英九爲什麼每天晚上都睡得很好？

二〇一五年五月二十日適逢馬英九總統就職七周年，因而提前大張旗鼓的與中外媒體茶敘，結果有記者提問道：「一般民眾常常給予總統負面形象，甚至訕笑和屈辱，午夜夢迴，會不會覺得做這總統很辛苦、不值得，知不知道大多數人民誤會的原因爲何？在任期最後一年，如何留下一個讓國人懷念的背影？」

面對記者提問時，我們這位永遠自我感覺良好的超健康總統說：「我當總統，不會午夜夢迴在自怨自艾，不會，我晚上都睡得很好，因爲我做了對國家、人民有意義的事。」

想想台灣人民也眞可憐，明末亡國之君崇禎皇帝，固然說了句遺臭萬年的名言：「朕非亡國之君，汝皆亡國之臣」，但他說完後還是乖乖去上吊了。我們的馬總統說完：「我晚上都睡得很好」之後，也會乖乖去上吊嗎？

次日《自由時報》以頭版頭條報導〈馬：我都睡得很好〉，財金文化董事長也是名主持人的謝金河表示，馬總統顯然對自己的政績很滿意，但讓人印象最深刻的是「我都睡得很好」這句話，恐怕會引來諸多不同的解讀，而他則下了「馬總統愛自己甚於愛人民」的標題。

謝金河說馬總統最近一天量三次體重，一天八十個伏地挺身，慢跑、騎腳踏車，個人健身日有精進，但是用在照顧人民的正能量似乎少了些！最近中港股市飆漲不已，台股卻暗自流淚，台灣的邊緣化，碎片化壓力，不知馬總統感受到了沒有？

其實謝金河所說的，還只是代表台灣中上層社會對馬英九的看法，雖然悲，卻不慘，因爲資本是有腳的，就像一九四九年中國的完全赤化，我們這些兩腿夾著懶蛋的外省賤民來台是逃難，他們那些高級外省人來台卻只是搬家，而且是既搬權，又搬錢。因此昏庸剛愎的領導者，能傷害卻危害不了上流社會；但七年來薪資下降，民生物資飛漲，在基層的鄉民魯蛇們就倒楣了，我們明明挨了無影腳，還要假裝剛做完泰式按摩。

•

當然，遇到馬英九這種即使已經眾叛親離，仍超級自戀的當代李爾王，我要繼續引述今上的聖諭，恐怕血壓不太穩定的鄉民們會有意外，況且我家也已經沒那麼多水表可查了[1]。因爲擔心像我這樣的鄉民會有閱讀障礙，以下借用胡忠信大哥的「忠信體」[2]說明。

我先講結論，我每天這樣晃來晃去，總是遇到有人問我：「馬英九爲什麼每天晚上都睡得很好？」我都回答：「性格決定命運，雷根總統遭刺客槍擊，進了醫院先問醫生說：『你是民主黨？還是共和黨？』馬總統，人家美國總統要開刀了，麻醉前都還不忘先問醫生是什麼黨的？你派出去與中國談判的代表是國民黨？還是共產黨？還是金光黨？

前幾天，我跟一個黨政高層通過電話，是誰我不能說。馬總統，你派出去的談判代表是不是匪諜，你以爲鄉民都不知道嗎？在此我公開呼籲習近平主席，馬英九下台後只能去當阿扁的室友，絕不能當台灣特首。」

言歸正傳，台灣現在已經千瘡百孔，年輕人低薪窮忙，想到前途就睡不著；中年人上有老下有小，想到裁員就睡不著；即使是有穩定收入與退休保障的警察，也因國民黨團霸道的三十秒通過兩岸服貿協議而引發太陽花學運，在立法院外餐風露宿來阻擋抗議的學生，不知何時任務結束才能回家安穩地睡覺；如今馬英九一出門，憲警都風聲鶴唳，就怕天外飛來一「鞋」。

在台灣處處有人都睡不安穩，偏偏罪魁禍首卻睡得著，爲什麼？這光靠天賦是沒用的。沒錯，今日在國民黨內掌權的官二代們，父親也都是當年兩蔣豢養重用的閹宦，但官二代不能只靠會投胎，這些異類能有完全不同於基層民眾的思維模式，腦中與眼中、耳中永遠只有自己，沒有別人，這種「高級外省人」是需要一套很縝密的另類家庭教育，普通人根本學不來的。

•

舉例來說，二〇一三年三月，我們這位怎樣也睡得著的總統，首次以總統身分造訪梵蒂岡，率領慶賀團參加新教宗方濟各的就職彌撒前，竟然對著媒體記者說：「小時候家住萬華，每逢週日，常跟著祖母到住家附近西園路天主堂望彌撒、告解、領救濟品（奶粉、牛油、麵粉、包穀粉）。」

馬英九或許是爲了搶新聞版面，才隨口說了一段虛構的往事，藉以跟天主教

---

1 查水表，鄉民用語，警察抓人時爲使對方開門而謊報身分，意即鄉民因網路上的言論而被捕。

2 資深媒體人胡忠信的說話方式，重點有：一、先用結論破題，二、國台英語交雜，三、從未聽過名言與專用語，四、使用排比、對仗、回文或頂針等修辭學技巧，五、帶有攻擊與質疑。

攀關係。就像他說年輕時在基督教（新教）靈糧堂裡受過洗，以及新年去北港朝天宮拜媽祖、之前還去中正紀念堂參加浴佛節那樣，只是「宗教變色龍」的應酬伎倆而已。如果他去天主堂領救濟品是虛構的，那就另當別論；如果是眞的，他的長輩就犯下了貪婪的惡行。

馬英九的父親歷任黨職公職，在經濟上絕非弱勢。馬英九的中學同學李大維，回憶他們當年：「打完籃球後，一身大汗，最大的享受就是跑到馬英九家，吃一碗香噴噴的牛肉麵。」

在一九五〇到一九六〇年代，一個吃得起牛肉麵，還能請同學吃的家庭，經濟上已有一定水準。窮人家領了救濟麵粉，只是吃碗陽春麵；你們家領了救濟麵粉，卻去吃牛肉麵，還多到可以分給同學吃。馬總統的家人當年若眞的在天主堂裡，把國外基督徒捐出要雪中送炭的救濟品，妄求成爲他們家的錦上添花，這對一個教徒來說，實在是莫大的恥辱。這種貪婪的行徑，就是「小時偷挽匏，大漢偷牽牛」的典型負面家庭教育。在這樣一個家庭裡長大的孩子，當然怎麼樣也睡得著。好，講結論。巴菲特說：「海水退潮之後，就知道誰沒穿褲子。」馬總統，你確定你有穿褲子嗎？

為國做事 無愧於心

馬英九總統20日就職將屆滿7周年，18日他在總統府內與中外媒體茶敘時表示，午夜夢迴他不會自怨自艾，且晚上都睡得很好，因為自覺做了對國家人民很有益的事。 （王錦河攝）

馬：沒跛腳 晚上睡得很好

李明賢／台北報導

就職屆滿7周年前夕，馬英九總統昨與媒體茶敘時表示，沒有跛腳、令不出總統府的問題，一定會做到任期最後一天；媒體問及馬總統淪為民眾訕笑的負面價值，他則說，「當總統不會午夜夢迴，自怨自艾，我晚上都睡得很好」，強調自己是替國家做事、替台灣打下千秋萬世的基礎。

對於總統任期進入倒數一年，馬總統昨與媒體茶敘時特地細數政績，從推動免簽證、解除健保鎖卡、推動兩岸關係和緩、台美高層恢復互信，強調該做的事情都在做，絕對沒有跛腳或看守的問題。

馬英九反問，「《長照法》通過、基本工時40小時也通過，不知道這樣算不算我的命令出了總統府？」其餘包括房地合一稅也逐步推動。

對於施政滿意度偏低，馬英九說，最新媒體針對他的施政滿意度達到29%，但這些數字高高低低，不要太在意。關鍵在於「我做事不是為了一時好惡，而是要打下台灣千秋萬世的基礎。」

面對7年來施政引發民怨，馬英九說，民眾若有不滿，他都會去了解、虛心接受，但有些事情不做，對台灣長期有不利影響，例如油電價格合理化，「我付出了很高的政治代價，但是只要能夠做成，我還是滿心歡喜，謝謝民眾的支持。」

至於其他政治議題，包括媒體問及立法院長王金平民間聲望高於馬總統，馬則說，「這些政治問題，留待歷史公評。」馬英九表示，他自信做了對國家人民有利的事情，也許時機不恰當，力道不夠等，但是7年前他剛接任總統時，全國是哀鴻遍野、哭聲震天，現在不管國際情勢、兩岸狀況甚至國內經濟景氣都明顯好轉。

馬還向蔡英文喊話：國民黨執政的現狀弱勢這麼不堪，就應該去改變呀？「我們在野黨主席怎麼會想維持現狀？」

在經濟發展上，馬英九舉例，台灣去年經濟成長是3.7%，今年第一季是3.46%，這些數據都是四小龍之首，「過去台灣在亞洲四小龍排第一是什麼時候？是1987年。」包括貧富差距數據創近年最佳，這都是打造台灣成為自由繁榮的地區，也是政府施政的成果。

■2015年5月19日《中國時報》2版報導，馬英九就職七周年與媒體茶敘，自豪的說著：「晚上都睡得很好，因為我做了對國家、人民有意義的事」。

Part 2 語言新頭殼

1970年代是台灣查禁方言最嚴格的時刻，
外省小孩通常扮演「抓扒仔」的角色，
只要被檢舉就會被罰錢。

國中時有個來自山上農家同學，他的耳朵是朝外長的「招風耳」，大家都叫他「大耳豬」。頑皮的同學總喜歡用拇指扣住中指彈出去，把他的耳朵彈得又紅又腫，他雖然個子不高，但還算精壯，卻從未見他反抗，甚至連回嘴都沒有。

一九七〇年代正是台灣查禁方言最嚴格的時期，只要被檢舉說一句台語，就要被罰一塊錢。有一次大耳豬被兩個同學欺負到不但耳朵紅了，連臉龐都被氣得漲紅，於是小聲回了一個「幹」字，那兩個同學還不死心，就像合唱一樣整齊的說：「喔！說台語，罰一塊。」班上同學也都只是帶著看笑話的心情在看。

我很難過，但也沒勇氣去制止，只說了：「不算，『幹』是國語啦！國語就叫『幹』。」大耳豬好像被提醒了一樣，竟又更大聲的罵了：「幹你娘！」全班同學都被這句台語的「國罵」嚇到了，眼光都轉向對罵的雙方。那兩個同學本來還很鎮定，像平常一樣用國語繼續罵著大耳豬，但大耳豬一開始用了台語的「三字經」，就像已經開了保險的機關槍，接著連串射出台語的「六字經」、「七字經」。

平常用國語吵架時，大耳豬像是個受盡委屈的小媳婦，只敢嘟嘟嚷嚷的說：「你要怎樣啦！」但那天卻完全改觀，大耳豬越罵越順口，越罵也越大聲。

大耳豬幾分鐘的台語罵人，換算罰金恐怕要幾百元，當時簡直是國中生的

「天文數字」。但好笑的是所有同學也都很有默契，沒將這件事報告老師，只罰了大耳豬一元（那一元還是我出的，到今天大耳豬也沒還我）。不過從此之後，那兩個同學也沒有再去找麻煩。

成年後看到美麗島受難家屬「代夫出征」，競選時全程使用台語，控訴國民黨的不公不義、獨裁霸道；其實她們說的究竟是什麼內容，大家也不關心，只要她們在台上大聲說出台語，選票就到手了。競選時夾帶著情緒的母語訴求（其實也就是族群版塊切割），效果絕對大於空洞的公義制度。

當年推行國語時，學校常在小孩中間廣建「抓扒仔」，監控這些不太會講國語的小孩。在這種語言白色恐怖政策下，外省小孩通常扮演「抓扒仔」的角色。但如此一來，眷村與農村小孩要不打架才奇怪，也讓台灣小孩與外省小孩隔閡更深。推行國語非但無法促進族群和諧，反而造成了族群間的矛盾與衝突。

當年大力查禁台語的政客宋楚瑜，以及至今仍在媒體上鬼扯「沒有禁台語，只有禁方言」的過氣政客楊實秋，他們要大家「讓歷史歸於歷史，讓眞實歸於眞實」，眞不知是要佩服他們的無知，還是要驚訝他們的無恥。

「便當文」事件一周年的省思

二〇一四年五月十五日，轟動全台甚至還被海外媒體廣泛報導的「便當文」事件，肇因於二〇一三年五月九日，菲律賓海巡署人員在台菲兩國各自主張的經濟海域重疊區，槍殺台灣漁船廣大興二十八號漁民洪石城，導致全台各地群情激憤。五月十五日下午五點，原在台北市敦化南路天喜科技任職的三十八歲女子董曉秋，就在署名Grace Tung的臉書上，以第一人稱發表了這篇「便當文」。

董曉秋自稱吃飯時看見自助餐店老闆，拒賣便當給菲勞，害菲勞在店外徘徊了一小時。結果她出面伸張正義，指責老闆即使台菲衝突，也與底層人民無關，於是幫他買了兩個便當，最後連自己的便當也送給菲勞吃了。

董曉秋把自己描寫成是完美的正義女神，結果不到一天，就被八萬名以上的熱情鄉民點閱分享，還有人還誇獎她「寶貝棒棒」，因此立即被更熱情的鄉民翻譯成英文，菲律賓新聞網站《GMA NEWS》刊登一篇標題是〈在台菲勞因民眾的莫名怒氣無法進入市場〉的新聞，內容就是引述這段「奇遇」。

董曉秋活靈活現的便當文，將菲籍勞工在台灣的處境，形容成了「悲慘世界」。經國際媒體陸續報導後，鄉民們更加義憤塡膺，要把這位老闆肉搜出來。眼見事情鬧大了，董曉秋又貼文說晚上回到便當店時，老闆認出了她，希望她不要公布店名；她也答應了，盼望事情圓滿落幕，並願用「人身安全保證」所言都是事實。但接受媒體專訪時，依然說得煞有其事；不過以作家九把刀爲首的另一派鄉民，卻更加不信董曉秋的說法，他們主要質疑以下三點：

首先是台灣自助餐店與超商林立，菲勞要買便當不難，何以一定要在這家「神之便當店」外等候一小時？由於媒體揭露董曉秋暗示該店位於新北市中和區員山路與連城路口，也讓這一無辜店家備受困擾。其次則是老闆爲何能目測分辨他是菲勞？而不是泰勞、印勞或越勞？最後就是董曉秋何不直接公布店家名稱，反而封鎖臉書留言，是否說謊心虛？

•

五月十七日凌晨四點，自稱是董曉秋男友的elonchen，爲她發文引述「個人資料保護法」，禁止鄉民肉搜董曉秋資料，結果反而招來眾怒。五月十八日，九把刀在臉書上正式發出「祭品文」，如果董曉秋所言是眞，他願捐出七百個便當並道歉。五月二十日，內政部長李鴻源公開指示警政署追查本案，如果是謠言將追究刑責。晚上十點，九把刀又在臉書上徵求十位「口風和ＸＸ一樣緊」的鄉民，一起去聽董曉秋面對面解釋。

五月二十二日，台北市警中山分局傳喚董曉秋到案後，她竟改口坦承整個故事全系杜撰。由於警方認爲便當文在網友大幅轉載後，並經新聞媒體散布造成社會動盪，影響社會和諧；且已被外國媒體引用，影響我國外交形象及國際觀感，所以認定董曉秋散布謠言，足以影響公共安寧，訊後依「社維法」函送法辦。

但台北簡易庭審理後，法官卻認爲董曉秋雖散布不實事實，加深了本國人與菲律賓國人間的矛盾，卻不足以讓人產生畏懼或恐慌，難以認定影響公共安寧，因此不符社維法構成要件，裁定不罰。

「便當文」在引發軒然大波後，雖然法院判定無罪，但值得國人省思的是，其實「便當文」根本就不是董曉秋原創，因爲早在董曉秋發文前一天（五月十四日），《台灣立報》記者鄭諺鴻就在臉書上，搶先貼出了原版的「便當文」。只是她比較倒楣，改寫貼在臉書上的山寨版便當文，遇上網路超人氣作家九把刀的糾眾踢館，才使她成爲國內新聞台追逐的焦點，讓便當文的眞正作者鄭諺鴻相形失色，也失去了一次讓國人反省的大好機會。

在鄭諺鴻臉書裡虛構的這位便當店老闆，脾氣比董曉秋山寨版裡的老闆更暴躁，他說：「我不賣便當給狗，爬出去吧！」還罵髒字，最後竟把便當放地上當做餵狗；而且更惡質的是，鄭諺鴻一開始就用括弧標明，便當店老闆說這些話時用的是「台語」。讓時空一下子倒回到了四十年前的一九七〇年代，小蔣與他豢養的高級外省人鷹犬集團，電視節目裡最醜陋也最直接的偏見與歧視。

•

一九七三年一月二十七日，小蔣爲了禁絕台語，由文化局執行了「一二七大屠殺」，停播了台視的《生死戀》、《青春鼓王》、《佛祖》；中視的《薔薇處處開》、《難忘七號碼頭》；華視的《俠士行》（錢來也）等收視率極高的台語節目。但禁台語連續劇也就算了，文化局竟還要求三家電視台，執行國民黨文工會對國語連續劇應說「標準國語」的要求。

年輕的鄉民或許不懂，國語連續劇說的當然一定是國語，爲何還要說「標準國語」？原來老三台裡華視因爲開台最晚，能演國語連續劇的電視演員，幾乎都被台視與中視簽約爲基本演員，根本不能跨台演出。華視只好大量吸收日漸式微的台語片演員來演台語連續劇，結果台語連續劇收視率高、廣告滿檔，其他兩台也陸續跟進。

雖然政府已限制每天台語節目播出比率不得超過百分之十六，但三台在廣告商的協調下，錯開了台語連續劇的播出時間，黃金時段三家電視台轉來轉去，隨時仍都有台語節目可看。

另外華視因爲白天有空中商專與行專的教學節目可播，只要一天播出節目的總時數增加了，准播台語時段也就隨比例自然增加，所以文化局才會直接將限制比率百分之十六，改爲限制時數一小時，而且晚間新聞之後就禁播台語劇，讓華視在這次禁播中受災最重。

既然這些演員不能演台語連續劇，乾脆把即將上檔的《望你早歸》以及《阿塗伯》等台語連續劇，以原班人馬改演國語連續劇，這樣廣告就不會流失。但「台式國語劇」播出後效果卻極差，因爲預定的台語片演員，用國語根本說不清台詞。

例如《阿塗伯》原本是由演員金塗演的喜劇，劇中幾位中年的台語演員，費力的唸著國語台詞，觀眾聽得都快睡著了。後來也不知怎麼的，喜劇慢慢就變成了悲劇，或許是因爲悲劇的台詞可以慢慢講，這樣台語演員才能演。但沒想到這麼一改，收視率反而高升，成了戒嚴時代的最眞實「悲喜劇」。

•

雖然文工會希望台語演員以國語演出連續劇時，一定要說「標準國語」。但當時台視有部國語連續劇《台北人家》，扮演下女「阿桃」的張琴，故意在劇中講著誇張的台灣國語，在講國語的高級外省人家中幫傭，鬧出了很多笑話，結果配角變成了主角，台視還爲她量身打造了續集《再見阿桃》。

同樣是不標準國語，台語演員說的就要被「糾正」，但外省演員模仿本省下女講的，兩蔣鷹犬們卻視之爲「劇情需要」，放任外省演員在國語連續劇裡用不標準國語糟蹋台灣人，製造族群階級等於品味標準的刻版印象。這些高級外省人對待不標準國語的雙重標準，其無恥還眞是難以形容。

無論台菲外交關係有多惡劣，生活在台灣這塊土地上的國民，都不該歧視或醜化來台打工的菲律賓國民。但便當文原作者在鄭諺鴻宣導這些善念時，卻藉機傷害其他說台語的國民。

這種汙名化台語的爛記者，就跟超級大爛戲《廉政英雄》一樣，劇中正派的檢察長，以及手下的帥男美女檢察官，說的全都是標準國語；但在街頭胡作非爲的飆車族說台語，被捕了來警局叫囂護短的家長說台語，連來關說的惡質民意代表也要說台語。

幾年前經濟部官員在宣導兩岸經濟合作架構協議（ECFA）時，也是採用兩人對話的文宣，支持者用的是標準國語，條理分明，象徵理性的白領階級；反對者則是操台語，粗俗無知，暗喻缺乏教養的藍領階級。如今官員要宣傳服貿，用的還是這種四十年前兩蔣政工的洗腦模式。

在「便當文」事件一周年的前夕，鄉民們若能因本案而重新省思，對政府與媒體所散播的偏見與歧視有所警覺，也就是我們去蠱解毒的第一步了。

杜撰便當文 立報記者、潘神父送辦

林志成、蕭承訓、蔡永彬／台北報導

臉書拒賣菲勞便當文三個版本，真相底定。在「董小姐」前天到案後，刑事局昨傳喚最早撰文的台灣立報記者鄭諺鴻和「潘神父」潘鴻恩，潘坦承看了董小姐的文章後杜撰，但鄭仍說是聽說的。警方將依違反社會秩序維護法將他們移送裁處。

「我沒想到你們這麼相信我！」台灣立報鄭姓記者發表便當店拒賣便當給菲勞的「便當文」，最後證實內容是假的，對長官一路相信他，他也意外。曾發文力挺鄭姓記者的《四方報》總編輯張正昨請辭總編輯，並表示「我被騙了，是我的錯，對不起」。

警方表示，鄭某本月十四日率先在臉書以海洋藍之名發表便當店拒賣便當給菲勞的文章，內容還提及自己制止。十五日董小姐董曉秋也在臉書貼上拒賣文章，當晚又有Hung En Pan（潘神父）貼上類似文章，經網友流傳引發台菲關注。

北市中山分局前天傳喚董曉秋後，台灣立報查證發現鄭諺鴻說謊並找人欺瞞，前晚道歉並開除該鄭，刑事局偵九隊昨天凌晨傳喚鄭及假扮便當店老闆的羅姓男子到案說明。

昨天凌晨，兩人到刑事局說明，廿五歲的鄭指出，十四日當天，他到南昌路附近一家便當店，聽到有人討論拒賣菲勞便當之事，便到羅某住處於臉書發表該篇文章。

後來，媒體報導該文章，四方報總編輯張正詢問他是那家便當店，為了撒謊，他找羅某幫忙，並先拿文章給羅某套招，再與張約在雙園國中碰面，後來張正寫了夜訪便當店老闆的文章。

他表示，沒想到，事情愈演愈烈，連警方也介入。鄭指出，文章是聽來的；羅也坦承是情義相挺演了這齣戲，沒想到造成這樣的結果，感到後悔。不過，警方發現鄭是最早寫拒賣菲勞便當的作者，後才有董小姐和潘的版本，對鄭的說法持疑。

警方昨天下午透過神學院聯絡到「潘神父」潘鴻恩，查出他廿七歲，是某神學院研究生，晚間透過校方找到潘某，潘坦承文章是十五日下午，到北市汀州路一帶買便當時，聽到有人討論對菲律賓人的看法。他強調當時沒聽到拒賣便當之事，是看到董小姐臉書後，自己杜撰的，事後除把臉書更名為Hep Sog，也感到後悔。

「被騙了」總編請辭

四方報總編輯張正因為「便當文」風波請辭。張正表示他確實與「便當店老闆」見了面，但沒想到被騙了。

（陳怡誠攝）

■2013年5月23日《中國時報》5版報導，《台灣立報》記者鄭諺鴻與網友董曉秋、潘神父（潘鴻恩）等人造謠生事，謊稱目睹有自助餐店老闆拒賣便當給菲勞，引發一場虛驚。

條仔姊爲什麼要用台語演講？

鬧了幾個月，《條仔姊選總統》[1]的鬧劇總算有了第一回合。二〇一五年七月十九日上午，國民黨正式提名她參選二〇一六年總統，而她也發表演說，強調若當選一定恪遵憲法，依循國民黨政綱，在九二共識的基礎上堅持台灣優先、推動兩岸和平發展。下午又以「勇敢承擔、疼惜台灣」爲題發表演說。

當然，對條仔姊前半部用標準國語重複小時候演講比賽的台詞，鄉民們當作放屁即可，該湊熱鬧的是條仔姊後半部刻意用台語說的這些：

「各位鄉親朋友，我阿柱是艱苦人出身，自小家境不好，我的爸爸從綠島關回來四十年沒頭路。

但是我不怨天、不怨嘆命運，也無怨恨的心，咱台灣人說『番薯落土不驚爛』，一枝草一點露，我相信只要咱們認眞打拚，人在世間就有希望！

阿柱和大家同款，攏是靠自己打拚，一步一腳印。我過去是老師，我了解教育對孩子的重要，我吃過苦，我知道基層百姓賺錢顧三頓的辛苦。我的媽媽做過女工，我也了解做工人的艱苦。

如果阿柱當選總統，我一定是一位最了解基層、最了解老百姓、最重視公平和正義的總統。」

•

在鄉民的刻板印象裡，二〇〇九年條仔姊在立院，還提案刪除四千萬元首度試辦的閩南語認證考試預算，二月二十八日遭到多個本土民間社團，在立院前以「二二八母語屠殺」抗議。

二〇一五年六月，她被媒體問到要如何獲得南部選民認同時，就用台語回應：「南部人要搏感情，很好相處，多走走，就知道阿柱是什麼款的人。」如今外省籍又是「藍統北」的條仔姊，真的用了台語演講的必殺技，感覺上台語是比本省籍的蔡英文更「輪轉」，部分鄉民就緊張起來了。

但這也就是部分鄉民的盲點，真正的高級外省人如馬英九、宋楚瑜、郝龍斌

1 鄉民用語，條仔姊指洪秀柱，台語「條仔」即「柱子」。

之流的官二代，從小腳不用踏在骯髒的土地上，因此今日即使爲他們準備了台語演講稿，說得依然二二六六。

可是在底層社會裡的外省人，台語即使無法像叫賣哥、豬哥亮那麼流暢；不過要溝通也不成問題。

因此鄉民要關注的不該是兩黨候選人的省籍，也不是她們兩人台語的流暢度或腔調問題，而是要觀察條仔姊對於台語所代表的台灣文化意涵，是否能有文明人的包容（無須提升到「認同」的程度）？

政客在選舉時秀幾句台語來拉票，這不等同於有包容心看待異文化。鄉民們應該聽說過國民黨曾打壓台語，一九七三年三月十五日中午，黃俊雄以台語播出的布袋戲《雲州大儒俠》，因爲「妨害農工正常作息」，被迫播出史豔文到靈空寺落髮出家的「完結篇」。但當時還是小學生的我，一開始跟大多數同學一樣，也不相信布袋戲是被「禁播」的。

因爲在此之前的三年，台視每天中午都是播布袋戲，《雲州大儒俠》爲了與另一齣《六合三俠傳》輪播，也播出過類似的完結篇，但幾個月後又「復播」，史艷文又活了；所以我們這些小鬼，完全不相信史豔文這次是眞的「死」了。

直到為了配合政策，四月八日下午起，黃俊雄製作的第一齣國語布袋戲《新濟公傳》，每週日在台視播出半小時，但收視率不佳，沒多久就停播，從此無論台語國語，電視布袋戲的時代都告終結。到這時我們這些小鬼才相信，史豔文眞的「死」了。

國民黨究竟是要禁布袋戲嗎？還是要禁黃俊雄？其實都不是，否則同樣是黃俊雄製作的國語布袋戲《新濟公傳》，不會立刻就在台視接檔。那麼就此推論國民黨是要禁台語嗎？也不全然是。

簡單說黃俊雄的台語布袋戲會被禁，關鍵在於戲裡使用東洋或西洋流行音樂。國民黨不會笨到要全面禁台語，否則怎麼會有台語播出的《今日農村》、《農村曲》或農漁業氣象？

•

一九七二年暑假，台視推出了一部充滿青春氣息的台語連續劇《青春鼓王》。包容一點的說，這是復古台客版的《海角七號》；客觀一點的說，這就是混合山寨版的《溫泉鄉的吉他》。劇名是抄香港邵氏一九六七年出品，由陳鴻烈、何莉莉主演的《青春鼓王》，男主角造型則參考《養子不教誰之過》的詹姆士狄恩，劇情則參考小林旭的《流浪之歌》，男主角名字則來自柯俊雄的《再見阿郎》。

在當年物資貧困的台灣，這種集合國、台、港、日、美五大元素的台語電視劇，比今天自稱本土的那些電視台，歹戲拖棚的長壽劇好看幾百倍。

無奈國民黨當時對台語的政策就是：台語劇若是低俗，只能吸引鄉下的、年長的、工農階層的觀眾就沒關係。但若是有了新元素，會讓都市人、年輕人、中產階級者喜歡，就一定要想盡各種方法查禁。黃俊雄布袋戲《雲州大儒俠》如此，《青春鼓王》也是如此。

男主角江浪星運不順，本來是台語片時代的紅星，台語片沒落後消沉落寞許久，直到三十一歲才在本劇中演一個生性沉鬱，能文能武的賣唱者，一夕爆紅後，台視統計收到四千八百五十六封女性觀眾的「情書」。

但江浪在劇中年輕叛逆與時髦率性的造型，卻直接用台語發音，終於觸怒了國民黨。一九七二年八月二十一日，松山分局在尚未警告的情況下，就直接派員來台視，會同節目部副主任李聖文，把江浪的頭髮給剪了，並以「違警罰法」告發罰了他一百二十元。

然而被剪去長髮還是小事，那年代秦漢，劉家昌、孫情、劉文正、高凌風等等，只要叫得出名號的男星，都被警方代「剪」過頭髮，唯獨江浪最慘。根據一九七二年十一月二十九日《聯合報》第七版報導：

「台北市警局王魯翹局長表示，關於男演員、男歌星留長髮，警方也在取締，例如電視連續劇《青春鼓王》男主角，就是因爲頭髮太長被剪掉，還拘留了兩天。」

•

一樣是長髮男星，省籍不同，處分竟然也不同；江浪比起那些外省男星，硬是多了兩天的牢獄之災，實在夠倒楣了。

回頭來看，今天條仔姊爲什麼會用台語演講？關鍵就在國民黨的掌權者，那些高級外省人對台語的認知，仍與四十年前一樣。就是原則上絕不用台語，但以下三種情況則鼓勵多用台語：

(1)要用粗話罵人時。

(2)代表說話人是反派時。

(3)形容很苦、很窮、很倒楣時。

條仔姊演講時，爲了用悲情訴求，必須描述自己童年時是如何的「苦窮哀」，符合電視劇中使用台語的第三要件，所以她用了台語。

當然，戒嚴時代電視裡的「台語使用三要件」，如今也不該只用來檢驗條仔姊，對於民進黨的參選人，甚至對於所有電視台（無分藍綠），播出的戲劇與談話性節目，也都逐一檢驗，自然就能破解國民黨從戒嚴時代至今一脈相傳的「魔咒」了。

國民黨總統參選人洪秀柱（中）昨晚出席僑領返國支持餐會，信心十足。

記者陳易辰／攝影

洪秀柱：

凝聚藍營士氣 參選最大貢獻

被質疑中南部沒票 說台語強調：拍謝，拿給大家看

【記者胡宥心／台北報導】國民黨總統參選人洪秀柱獲黨內提名後昨首度接受電視專訪，主持人趙少康問，「妳有想過如果妳不登記，現在（國民黨）會怎樣？」洪秀柱直言：「會很淒慘！」她強調對國民黨最大貢獻，就是重新把士氣凝聚回來；外界質疑她中南部沒票，洪秀柱還特別用台語強調，「拍謝，我拿給大家看」！

趙少康問洪，參選至今是否曾後悔過、甚至想退選？洪表示，如果怕後悔當初就不會選，人要優雅地老去，尤其是人生最後十年、廿年，關鍵決定妳人生是否精彩，「我決定做這件事（參選總統），精彩我的人生。」

「國民黨的錢不會放我口袋」洪秀柱再次強調不用黨產選舉，指她參選是改變的開始，若用小額募款選上，代表台灣選舉文化隨之改變。她說，不需要遊覽車動員，而是撒豆成兵，有多少錢用多少，也許太天真，沒試試又怎知道不會成功？

趙少康追問洪，「妳認爲選民爲何要投妳？」洪秀柱表示，前總統陳水扁執政期間，外交烽火、貪腐不談；民進黨在野七年間，整天鬧、一路反，反直航、反服貿、反課綱，只會反對的政黨要重返執政，後果是什麼？逢中必反，逼台灣最後只能放棄大陸市場，從東亞貿易中被孤立、鎖國，影響的是人民的就業、經濟問題。

洪批蔡：怎不說自己主張台獨

【記者胡宥心／台北報導】洪秀柱昨天質疑，「民進黨總統參選人蔡英文爲何說物質支持非金援？」若民進黨金援訴求一致的社運團體，「爲何蔡英文不出來支持反課綱學生的台獨史觀，說自己也主張台獨？」

洪秀柱批評蔡英文根本是選擇性模糊，假中間路線騙選票，蔡的回答很多都不具體，她也向蔡英文下戰帖，「希望蔡英文跟我辯論一下。」

「給社團資源怎麼不是金援？」洪秀柱表示，民進黨因理念一致援助反課綱微調學生，蔡英文應該大聲說出跟學生講一樣的話，說她贊成台獨史觀，蔡英文不敢面對眞實的自己、不敢直接面對民進黨黨綱，「難怪人家說她空心空話，什麼事都要想想或國是會議決定。」

■2015年7月30日《聯合報》4版報導，國民黨總統候選人洪秀柱被問到在中南部是否有票時？說台語強調：「拍謝，拿給大家看」。

楊實秋，別再坐眷村觀台灣了！

井底之蛙只懂得坐井觀天，而在台灣也有些被兩蔣豢養在竹籬笆內的藍營政客，至今仍在操弄當年的愚民教育，用統治者的心態看待這片生他養他的土地，以及這塊土地上的眾多庶民。這些以高級外省人自居的過氣政客，他們對台灣的歷史地理常識近乎白癡，但卻憑藉著自己在媒體上的高曝光率，鬼扯一大堆「坐眷村觀台灣」的屁話。

就以被弱智鄉民尊稱是「國民黨最後的良心」之楊實秋爲例，二〇一五年八月九日楊實秋在談話性節目《年代高峰會》上說：

「我們當時你去看所有的公文，叫禁止講方言，那時候本沒有叫『台語』這個名詞，你去看以前叫『閩南語新聞』，叫『閩南語連續劇』……可是過去有一部分人操作，既然課綱，我覺得這一次讓我們學到一個很重要的，讓歷史歸於歷史，讓眞實歸於眞實。……因爲那時候根本沒有『台語』兩個字。」（節錄自電視字幕。）

楊實秋這位完全不懂台灣史的過氣政客，也要來教大家「讓歷史歸於歷史，讓眞實歸於眞實」，眞不知是要佩服他的無知，還是要驚訝他的無恥。

•

「台語」一詞是數百年來在台灣這一島內所自然形成的慣用語。日治時代殖民政府承認這是台語，老蔣流亡來台初期，也承認這是台語。直到一九六〇年代，連老芋伯也都知道反攻大陸是謊言，色厲內荏的流亡政權以及那些高級外省人，才會做賊心虛地要把台語改成閩南語，一九六七年十月二十七日《經濟日報》第六版〈習稱「台灣話」就是「閩南語」有關單位．通告改正〉就說：

「有關單位頃通告，一般習稱的『台語』『台灣話』，應更正為『閩南語』『閩南話』。有關單位指出：台灣的居民絕大多數來自閩、粵一帶，所操之語言即為閩南語或客家語。但不知何時開始，一般人及各種傳播工具都採用『台灣話』『台語』等字樣，來代替『閩南語』，……因為電影、廣播、電視、書報等採用的機會較多，行政院新聞局、省新聞處、市新聞處已奉指示宣導改正。」

是因「台語」這一名詞在一九六七年被國民黨禁了，之後才被迫稱爲閩南語。就算是今日最統的旺旺中時與聯合重工，翻到一九六七年之前的《徵信新聞報》、《聯合報》，也都稱台語電影爲「台語片」，連爺爺的爺爺連橫一九三三年出版的《台灣語典》，也就是用「台語」。

最有利的證據就是台灣省國語推行委員會，一九五五年還出版過《台語方音符號》，國防部一九五八年年也出版《注音台語會話》（封面還是老蔣親自題字）。孤陋寡聞的楊實秋，上電視鬼扯前也先「孤狗」（Google）一下，從前怎麼會沒有「台語」一詞呢？

•

一八九五年日軍一登陸台灣，就設置警察與師範學校，腦殘藍迷一定誤認是爲推行奴化的殖民教育。剛好相反，爲了推廣教育，一八九五年十二月十八日，陸軍幕僚大塚少尉還提議軍警教師盡快學習台語，總督府也立刻召開台語學習會，由國語學校教授吉島俊明，與王星樵、陳文溪配合指導台語。《台灣文化誌》的作者伊能嘉矩，就是從這個學習會開始學習台語的。從現有資料來看，日本領台的第一年裡，就出版過七本台語教材：

(1)一八九五年七月十八日，神田保和的《台灣語集》。

(2)一八九五年九月二十二日，加藤由太郎的《大日本新領地台灣語學案内》。

(3)一八九五年十一月三日，佐野直記的《台灣土語》。

(4)一八九六年二月十七日，水上梅彦的《日台會話大全》。

(5)一八九六年三月十五日，過清藏、三矢重松的《台灣會話編》。

(6)一八九六年三月三十一日，御幡雅文的《警務必攜台灣散語集》。

(7)一八九六年四月十日，田部七郎、蔡章機的《台灣土語全書》。

從這些教材裡可以看出，日本人是如何熱心的學習台語。日本領台的十年後（一九〇五年），總督府展開首次全島普查，五萬七千多名日本人中，已有六千二百多人會說台語，比率高達百分之十．九。尤其是警察與教師，更是熱心學習。反觀戰後從中國來的警察，幾乎完全聽不懂台語。老蔣不但不鼓勵人民學台語，日後還爲了鞏固皇權，禁止台語、消滅台語。

老蔣的殖民統治在語言上，實施了比日本更野蠻的政策，因語言不通造成的警民或軍民衝突，以及本省孩子與外省孩子之間的幫派械鬥，更是不勝枚舉。宋楚瑜一九七〇年代擔任新聞局長時，因爲執行了電視禁用台語政策，雖然他後來爲了選省長與總統，也認眞學習台語和客語，但當年他的查禁政策太激烈，傷害了太多台灣同胞，所以他幾次大選都失敗，也是咎由自取。

十九世紀的日本駐台總督就已深知，一旦操之過急地全面日化，將刺激台灣人那一點僅存的自尊心。要讓台灣人接受日本統治，不能只靠暴力。所以他會讓日本警察與教師先學台語，這樣才能達成「使台民與我同心」的長遠目標。相對於日本總督，中國總統蔣氏父子對台灣人的教育，是以制式暴力加上對台灣人精神上的凌虐爲手段。

日治時代沒有台灣人因拒絕接受日本教育，遭受國家暴力的懲罰；相對的戰後中國化教育，則是被迫掛上「我不講方言」的狗牌，讓台灣孩子被迫蔑視自己的母語。難道老蔣一家所說的寧波話，就不是「方言」嗎？寧波話就比台灣話高級嗎？

一九七三年三月十五日，教育部文化局禁播黃俊雄台語布袋戲，連楊麗花歌仔戲也被禁，但到了十月三十一日老蔣壽誕，《聯合報》第九版〈三電視台推出祝壽特別節目〉就說：

「爲恭祝總統華誕，三家電視台在今天準備一連串的祝壽節目。台視將播出『偉大的領袖』影片、兒童祝壽特別節目，國劇『群仙獻壽』……等。中視將播出祝壽越劇『龍女』、『松柏常青』……等。」

不准播台語布袋戲與歌仔戲，卻能播越劇，老蔣的禁方言是否針對台語，楊實秋也就別再「凹」了。對岸也推普通話，港澳回歸後也在推；但人家在推國語時，就沒聽過這些暴力「禁方言」的惡行。國語普及了，方言自然會逐漸式微，需要去凌虐說方言的小孩嗎？我們沒有一個人能決定自己的父母是誰，如果可以，大家也都希望是生在蔣介石家。

我這年紀的本省同學，家長都出生在日治時代，入學前也很難有機會接觸國語，這跟眷村的環境不同。孩子不會說國語不是他們的錯，國家不該處罰他們，而是應該更關心他們。藍營名嘴在面對當年兩蔣及其爪牙宋楚瑜禁台語的暴政時，鬼扯的SOP就跟二二八大屠殺一樣：

第一階段：絕不承認二二八有屠殺（絕不承認有台灣小孩因說台語受害）。

第二階段：承認有二二八屠殺，但不是大屠殺。

第三階段：否認是上層下令，只推給下面的人。

兩蔣豢養的鷹犬，至今還在拿老蔣手諭「寬大處理」來辯護，把殺人的責任都推給底下執行者。請問若毛澤東不發動文革，會有文革那些亂象嗎？希特勒不執行對猶太人的集中拘禁，會有大屠殺嗎？凡事總有因果，總有首從？今日那些藍營名嘴不是不懂，而是良心被政治偏好給吃掉了。

一九七八年六月六日《聯合報》就報導過，省議員蘇洪月嬌質詢台中護校竟然規定，家長來學生宿舍看小孩，只能在一坪大的會客室裡見面，一次十五分鐘，而且「限用國語」。那些沒受過「偉大祖國」教育，只受過日本奴化教育的台灣賤民階級，父母來看小孩竟然不能說話，只能比手劃腳。像楊實秋這種被圈養在竹籬笆的名嘴，當年你服役或就學時，父母來探親，會有這種困擾嗎？

拜託先搞清楚當年禁台語政策究竟有多荒謬，別再坐眷村觀台灣了！

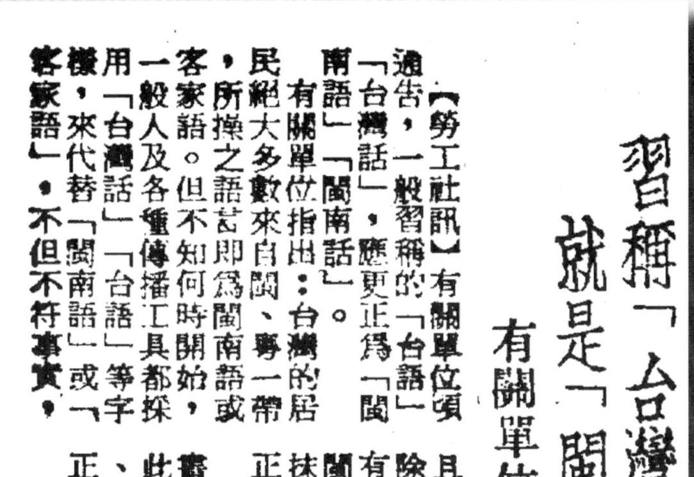

習稱「台灣話」就是「閩南語」

有關單位・通告改正

【勞工社訊】有關單位頃通告，一般習稱的「台語」「台灣話」，應更正爲「閩南語」「閩南話」。

有關單位指出：台灣的居民絕大多數來自閩、粵一帶，所操之語言即爲閩南語或客家語。但不知何時開始，一般人及各種傳播工具都採用「台灣話」「台語」等字樣，來代替「閩南語」或「客家語」，不但不符事實，且易滋不良後果。因爲本省除許多人說閩南語之外，也有不少人使用客家語，如以閩南語稱爲「台灣話」，就抹殺了客家語，因此必須改正。

因爲電影、廣播、電視、書報等採用的機會較多，因此行政院新聞局、省新聞處、市新聞處已奉指示宣導改正。

■1967年10月27日《經濟日報》6版〈習稱「台灣話」，就是「閩南語」有關單位・通告改正〉證明藍營政客楊實秋狡辯原本沒有「台語」一詞，純粹是說謊。

送神掌，凡「禁」過必留痕跡

我是五年級前段班的外省人，學生時代不知因多少不同理由被處罰過，但卻從不曾因說台語被罰過。然而我沒被罰過，不代表其他人就沒有，這是基本常識。我們都共同走過那種說台語（或客語）要被罰錢、挨打、罰跪、提水桶半蹲、掛「我要說國語」狗牌的荒謬時代，當時國民黨與「送神掌」[1]在新聞局與文工會任內，所謂的禁方言，說穿了就是要禁台語。這司馬昭之心，路人皆知。廢話少說，胡忠信大哥上身，我先講結論：

拜託一下楊實秋，不要只在談話性節目與臉書上鬼扯，請您比照我的辦法，剪幾個當年的報紙舉證一下，除了說台語（含客語）之外，到底有哪個小朋友在校內講中國其他各省方言被處罰的？也拜託其他腦殘的兩蔣粉絲們，若要挺送神掌，就不要再扯那些「奇美小護士」[2]的鬼話，有證據，就直接拿出來。

政客的唯一原則就是「有奶就是娘」，所以他們見鳥人說鳥話，見屁人說屁話，我聽了就像看到野狗拉屎，立即繞道而去。但吃國民黨奶水長大的政客，當了幾十年市議員，一落選就棄國民黨投奔柯P，如今送神掌又從美國回來選台灣總統了，國民黨內的失意政客，聞到有票味又搶著搖尾乞憐去了，這種醜態百出的官場現形記，還眞是罄竹難書。

但政客要怎麼「舞」政治，捧誰的LP，那是你家的事，我也從不理會；可是要上節目替戒嚴時代的兩蔣鷹犬擦脂抹粉，最好先搞楚自己的歷史常識，以免自取其辱。例如二〇一五年八月九日楊實秋在談話性節目《年代高峰會》與其臉書上說：

> 「宋楚瑜主席上週宣布參選，宋主席或許過去有許多爭議，這大家都可以討論，但如同宋主席的參選廣告，有些泥巴不要強抹在他身上。過去兩蔣時期推行官方語言政策，在中華民國的公文上，並無『禁止台語』，而是『禁止方言』，這包含了當時外省各地方言。這議題後來遭有心人士操作成『禁止講台語』，要講『統治者的語言』。」

公文上的官樣文章，也能否認事實，那麼歷史上也就沒有南京大屠殺，沒有

1 鄉民用語，指宋楚瑜。

2 鄉民用語，二〇〇四年總統大選前，現任總統陳水扁在台南遇刺，第一時間媒體名人陳文茜謊稱有一奇美小護士知道眞相，但選後卻證實根本沒這人，鄉民知道眞相後就用奇美小護士來形容虛構的人物。

二二八了，日本軍方與兩蔣公文上寫得多寬大啊？

就拿戒嚴時代的髮禁做例子，明明中學生有髮禁，卻又僞作開明狀。一九五五年二月七日，教育部還以台（四四）普字第〇二二六六六號令核示「中等學校學生頭髮之長度及理髮式樣，毋須加以硬性規定，唯女生應禁止燙髮，男生理髮應禁止各種奇異之式樣。」這項命令曾載於一九五五年二月二十一日春字第三十八期省府公報。「關於中等學校學生頭髮長度及理髮式樣一案，省教育廳頃奉教育部核定，現已通飭全省中等學校遵照，並將該廳以前有關學生理髮之各項規定，即日起一律廢止。」

你從公文上來看，戒嚴時代中學生就完全沒有髮禁，但活過那年代的人，包括楊實秋你自己在內，中學時不也是三分頭（女生則是西瓜皮）？因此若按你的邏輯，公文上沒有就沒有，所以戒嚴時代中學生就沒有髮禁了嗎？

•

台語（也含客語）在兩蔣與身邊鷹犬的高級外省人耳中，是個比狗叫還難聽的聲音，非禁絕不足以消其厭惡。一九五三年九月，台東縣富崗國校首任校長藍德和，因說方言被解職，改派湖南籍的鄧耀祖接任。在台灣不能說台灣方言，卻能說毛澤東的方言，這也是台灣的「反共」經典笑話之一。一九六三年一月十一日，屏東縣內埔鄉鄉民代表聯名簽署罷免現任代表會主席賴鄉春，四個理由之一竟是「不懂國語」。

但是很多像楊實秋那樣，被兩蔣圈養在竹籬笆裡的網友，被洗腦教育洗到是非不分，至今就是不願承認當年國民黨曾打壓過台語，有很多說台語的小朋友被師長霸凌；以及有些說國語的小朋友，在校內被訓練成專門檢舉班上同學說台語的抓扒仔，這些人長大後會像馬英九那樣，跑去美國大學校園裡監控台籍同學，害得像陳文成等人返台後遭警總約談而冤死，一點也不讓人意外。

針對楊實秋這種歪曲史實，至今不願承認國民黨（尤其是宋楚瑜）曾禁台語的謊言，我也不剪其他報紙，就只以泛藍的精神刊物《聯合報》為例，讓楊實秋看看當年說台語的小孩，是不是曾被國民黨迫害？

(1)這是新聞報導的：（一九八三年七月三十日《聯合報》嘉義版十五版）

「嘉義縣水上鄉回歸國小校長趙震，在校內推行說國語運動，要求特定班級學生在胸前懸掛『請說國語』紙牌。縣議會副議長邱俊男、議員廖榮宗、蔡定國等認爲方法是否妥當，值得商榷。」

(2)這是作家黃春明說的：（一九九一年一月十一日《聯合晚報》十五版當代【黃春明】〈伊是故鄉話家〉）

「政府遷台後，開始致力推行國語，本意雖佳、也確有需要，但執行的方法則嫌粗糙，所以到了地方單位的執行者手裡，會變得『雷厲風行』，竟出現學生說方言要『罰錢、跑操場、掛牌子』等引人反感的侵略性作法。這種爲求效果、忽略尊重的國語政策，導致了年輕一代的『母語失憶症』，對鄉土文化產生疏離感，『失根的一代』於焉形成。」

(3)這是鄉情版上有人回憶的：（一九九三年十月二十一日《聯合報》三十四版鄉情【陳招池】〈告別的年代——說國語運動〉）

「小時候生長在農家，長輩幾乎都目不識丁。開口閉口全講台語，想要學習說國語，非常困難。一直到念了書，還有很多人常說台灣國語，當時老師要求很嚴格，規定在校園內不准說方言。學校到處貼著：『好學生不說方言』、『說國語人人有責』等標語，來提醒大家。我們常常在下課玩遊戲中，無意間會冒出幾句台語，同伴聽到，會警告說，要報告老師。如果很不巧被老師聽到，那就像抓到小偷一樣嚴重。會被叫到辦公室罰站，這是很丟人現眼的事。」

(4)這是讀者投書的：（一九九〇年一月十五日《聯合報》二十七版大家談【鄭清和高雄左營】）

「我兩個兒女目前都在國民小學就讀，有一天我囑咐她倆不妨也學學台語，將來與台灣省同胞接觸往來，或問路、購買東西，也能應付自如，不致發生困難。不料小傢伙卻一臉苦相，回答說，『學校不准講台語，誰講台語被老師看到會受處罰。』類似這種矯枉過正的啓蒙教法，本人實不敢苟同。」

(5)這一點最重要，那是馬英九自己說的（一九九八年十一月一六日《聯合晚報》二版話題新聞〈馬英九：說台語罰錢，當年事〉，記者黃國樑、秦富珍台北報導）

「對於台北市陳水扁藉接受美國新聞周刊訪問內容，國民黨台北市長候選人馬英九回應表示，他在當學生與服役時，有人確實因說台語被罰錢，他這個年齡的人大家都經歷過，目前已近二十一世紀，陳水扁不應一直停留在悲情當中。」

美國的學校上課講英語，但絕不會有老師下課後去管你有沒有說英語。當年國民黨要推國語沒人反對，但爲何要在中小學的校園裡打壓台語？爲何要歧視說台語（或客語）的孩子？他們下課後只要一開口，就有同學可能去密告，然後要在司令台掛上「我要說國語」甚至「我是笨蛋」牌子（俗稱狗牌）罰站，累犯時還要半蹲舉椅子，更可怕的是被打耳光，或是「說一次罰一塊」，這些恐怖經驗，是我們這年紀的台灣人共同的經驗。

一九九七年綁架藝人白冰冰的獨生女白曉燕，連續殺人的頭號要犯陳進興，出身貧窮家庭，小學時因爲不習慣講國語，在學校下課時常說台語，一次罰一元，累積到了一百多元時，級任導師跑到他家催討，他家當然繳不起，等老師一走，母親的同居人便把陳進興毒打一頓。陳進興冷酷殺人，當然罪無可宥，但當年荒謬的語言政策，又有誰還有興趣去深思呢？

推行說國語
胸前掛紙牌
回歸國小選班示範
議會認爲方法不當

【嘉義訊】嘉義縣水上鄉回歸國小校長趙震，在校內推行說國語運動，要求特定班級學生在胸前懸掛「請說國語」紙牌。縣議會副議長邱俊男、議員廖榮宗、蔡定國等認為方法是否妥當，值得商榷。

據邱副議長指出，趙校長推行說國語運動的動機是好的，可是，該校全校十一班學生，僅挑一班學生，要他們胸前懸掛「請說國語」紙牌，似有不當，因為這樣很容易傷害到學童的自尊心。

■1983年7月30日《聯合報》嘉義15版報導，水上鄉回歸國小校長趙震，對說台語的小孩懲處「掛狗牌」，證明國民黨曾用野蠻的手段禁絕台語。

因宋楚瑜禁台語而死的彰化人

布袋戲裡有個「不死的藏鏡人」，台灣的總統大選裡，也有個「選不膩的宋楚瑜」。從一九九四年選省長至後來四次選總統市長，每次都會遇到民進黨的老梗：「誰殺了史豔文？」

其實一九七三年三月十五日中午十二時五十分，黃俊雄以台語播出的布袋戲《雲州大儒俠》，播出史豔文到靈空寺落髮出家的「完結篇」。在此之前，《雲州大儒俠》爲了與另一齣《六和三俠傳》輪播，也播出過類似的完結篇，但幾個月後又「復播」，所以一開始民眾還不知道史豔文這次是眞的「死」了。

當時管理電視節目的機關根本不是新聞局，而是教育部文化局；宋楚瑜也剛自美回國，還只是行政院的祕書。因此宋楚瑜根本沒殺過史豔文，劇中史豔文也只是落髮出家而已。

但民進黨說宋楚瑜是「布袋戲殺手」，固然是選舉語言；可是大家也別認爲這十多年來每逢選舉，宋楚瑜就一定要跟馬英九一樣，說幾句只有他自己聽得懂的台語，就以為他在「禁方言」這件事上完全清白。

一九五〇年到一九七〇年之間，國民黨在政策上雖禁台語，執行上並不嚴格。因為統治者說國語，被統治者說台語，這樣「嚴」階級之防，對統治者來說正中下懷。

但一九七〇年起台灣被聯合國驅離，窘境就像二戰末期日軍被美軍打到節節敗退，才會在台灣搞起「皇民化」。以禁播黃俊雄布袋戲為例，理由還只敢說是「妨害農工正常作息」，但到了宋楚瑜當了新聞局長後，消滅台語就不再偷偷摸摸，成了雷厲風行的公開政策。

一九八〇年四月二十六日，宋楚瑜列席立法院內政、外交、教育三委員會聯席會議時就說：「根據廣播電視法第二十條規定：『電台對國內廣播播音語言應以國語為主，方言應逐年減少。』鑒於目前尚有部分年長同胞不懂國語，因應此項客觀因素，一時未便嚴格執行；惟自將注意此一規定，以期逐漸朝向此一長遠目標努力進行。今後各電台方言節目將逐漸減少，到全部以國語播出為止。」

台語在宋楚瑜的打壓下，雖被歧視、打壓、醜化與摧殘，但也引起了基層民眾的反感與同情。尤其在美麗島事件後，受刑人家屬與辯護律師在競選場合，只要是用台語演講，無論內容說什麼，都能得到掌聲與選票，讓國民黨更加厭惡。

一九八五年新聞局還擬定更嚴厲的「語文法」，明訂會議、公務、公開演講、公共場所交談、各級學校實施教育、大眾傳播等都要使用標準國語。最後雖因民間的反應太大，只好暫時擱置立法。但宋楚瑜升任國民黨文工會主任與副祕書長後，繼任的新聞局長對電視中的台語禁令，依然嚴格執行，終於引發轟動全台的「蔭花生事件」。

•

一九八六年九月二十八日（教師節）早晨，彰化市中華西路的新進昌印刷廠，駐廠的工人陳天恩（二十七歲）以及建教合作的台中高工學生游家斌（十七歲）、古朝文（十七歲）、林明昌（十六歲）、廖嘉文（十六歲）五人，在吃了廚工陳張翠鑾（五十二歲）預備的稀飯、蔭花生、麵筋、花瓜與豆豉魚乾後，上午十一時六人先後發生嘔吐、腹痛、下瀉等食物中毒現象。

陳張翠鑾被送往彰化市秀傳醫院急救，延至十月十八日早上八時死亡；陳天恩、游家斌則分別轉入台大醫院與台中市中山醫院急救，始終未脫離險境；其餘三名學生則已出院回家療養。

彰化地檢處檢察官吳宗樑相驗陳張翠鑾屍體後，指示將屍體送往台中殯儀館冰存解剖。新進昌印刷廠負責人鄭以彬在六名工人中毒後，因未向警方及衛生單位報告。彰化警分局直到死者陳張翠鑾家屬報案後，才通報衛生署這一集體中毒事件，被檢察官依過失致死等罪嫌，收押後以二萬元交保。

由於通報太遲，彰化縣衛生局接到衛生署通知時，距離中毒事件已三星期，根本無法取得當天的剩餘菜飯，只好根據鄭以彬的說法，將庫存的各式罐頭，送往食品藥物檢驗局化驗。

鄭以彬向衛生局官員坦承，九月二十四日該廠向彰化市三和雜貨店，購買了一打台南縣佳里鎮生寶食品公司所生產的玻璃罐裝蔭花生。九月二十八日早餐時開啓第一罐食用，六名員工就上吐下瀉，他原以爲一兩天後就會復原，所以只是檢查廚房，發現另外十一罐蔭花生也都罐蓋凸起，就退還給三和雜貨店，沒想到三星期後一人死亡，二人仍在醫院急救中。

衛生局官員一聽，警覺這些玻璃罐裝的蔭花生，可能含有肉毒桿菌，趕緊通報衛生署。十月二十日台南縣衛生局不待化驗結果出爐，先勒令生寶公司停止一切生產，並全面回收產品及封存庫存品。

但生寶食品公司負責人謝士良卻利慾薰心、泯滅天良，明知工廠登記產品項目僅爲「各種醬菜」，沒資格生產罐頭食品；而且罐裝蔭花生是低酸性食品，須用高溫滅菌法，但爲節省成本，僅以攝氏一百度的蒸汽蒸煮一小時，且用地下水沖洗產品。

更可惡的是他已知九月十日生產的蔭花生，在彰化造成一死二垂危的悲劇後，卻爲了減少損失，將已裝罐與回收的蔭花生，改貼勤寶醬菜食品公司的標籤繼續出貨。衛生局接獲檢舉後，立即通知稽查人員注意，果然發現少數蔭花生，同時貼有生寶及勤寶的標籤，於是一併查扣，並將把公司負責人謝士良移送台南地檢處偵辦。

十一月二十七日上午，藥檢局經過多日培養菌種後，終於證實生寶公司九月十日所生產的七百三十二罐蔭花生罐頭，含有劇毒的肉毒桿菌。目前台南縣衛生局已查扣了一百二十八罐，但仍有六百零四罐下落不明，大部分可能是被台中、彰化等地區消費者購買。

由於這是國內首次發生的肉毒桿菌中毒案例，衛生署不僅在電視新聞裡大聲疾呼，還在各電視節目中插播廣告，要民眾千萬別食用生寶公司所生產的蔭花生罐頭；也警告商家若有尚未出售的蔭花生，務必要封存退貨。

因肉毒桿菌毒素是影響交感神經的神經毒素，民眾食用蔭花生後若有視力障礙、口乾、上眼瞼下垂、言語困難、咽炎、呼吸困難等症狀者要趕緊就醫，否則很可能因呼吸困難及心臟衰竭而死亡。

•

衛生署原本認爲這樣又發新聞、又上廣告的，蔭花生事件應該已到尾聲。但二十九日晚上十時，彰化秀傳醫院的沈祿從醫師打電話向衛生署報告，又發現一中毒病例。家住高雄的六歲男童洪正泰，隨阿姨許玉秀回彰化縣福興鄉三和村南興街四之五號的娘家小住，因口吐白沫、四肢無力、呼吸困難、意識不清而被送來急救。

由於沈祿從發現男童的症狀與進昌印刷廠中毒員工相似，就追問許玉秀是否吃過蔭花生。許玉秀才驚覺她母親許賴幸（六十八歲）由於習慣早餐吃齋，昨天早晨吃了蔭花生，許玉秀也吃了四粒，覺得味道很怪就吐掉。許賴幸吃了之後四肢無力、呼吸困難、口吐白沫，被家人送到鹿港鎮雙全醫院就醫，醫師聽患者家屬敘述，判定是高血壓發作，注射降血壓的針劑後，就請家屬帶回家中休息，延至今日凌晨四時死亡。

許賴幸暴斃後，在秀水鄉祥發保力龍公司工作的大女兒要趕回奔喪，她的老闆林善開車載她回來，一進門就大吃一驚，因爲他看見客廳冰箱上，還有一瓶吃了十分之一的生寶蔭花生。林善立即告訴他們，電視新聞與廣告都在說，衛生署已宣布生寶公司的蔭花生含有肉毒桿毒，大家才知道許賴幸的眞正死因。

衛生署聽到彰化這裡又有人因吃到蔭花生中毒，趕緊請醫師周志清及外籍專家馬利勝，帶著剛向美國疾病管制中心緊急採購的肉毒桿菌解毒劑，南下彰化來爲洪正泰注射，經多位名醫會診後，洪正泰的意識雖已清醒，但呼吸仍然不穩定，必須依賴呼吸器。

彰化縣衛生局追查這罐蔭花生的來源後，在三和村陳水滿經營的雜貨店內查扣了五罐；又根據陳水滿的供述，在上游中盤商的鹿港鎮吉順食品店，又查扣了二十罐。

蔭花生事件在福興鄉祖孫一死一傷後，仍然無法落幕。十二月四日彰化縣秀傳醫院沈祿從醫師又打電話向衛生署報告，福興鄉頂粘村東勢巷七號的母女黃遷（五十五歲）及黃彩喜（二十六歲），十一月十八日在鄰居黃清波經營的雜貨店裡，買了一罐生寶蔭花生。

十一月十九日早餐時打開來吃，黃遷覺得味道不對，因此吃得少，黃彩喜吃得較多，晚間從工廠下班回家就發病，但只以爲是感冒，到前天下午已無法站立，黃遷也開始出現相同症狀，母女才來求醫。彰化縣衛生局進行調查後發現，雜貨店老闆黃清波賣給黃遷的蔭花生，貼的是勤寶公司的標示。

十二月九日新竹縣竹北鄉婦人彭美珠（四十九歲）到新竹市南門醫院求醫，她向陳克昌醫師陳述，十天前她向一輛賣菜的小貨車，買了一瓶生寶公司的蔭花生，吃了後便出現全身無力及腹痛等症狀。她就讀竹北國中三年級的兒子徐天和才告訴她，新聞報導早已經警告大家，生寶公司的蔭花生含有肉毒桿菌，她也就沒有繼續食用。但十天來身體一直不適，無法再擺麵攤做生意，只好待在家裡休息。家人看她這樣一直拖下去不是辦法，才護送她來求醫。

明明衛生署已多次發布新聞，又在節目中穿插「台南縣生寶公司製造之『蔭花生』及『花生漬』，帶有肉毒桿菌A型毒素，已禁止出售，請轉告親友不要食用。」的插播稿，爲何還有這麼多民眾前仆後繼，堅持要吃蔭花生？

原來依當時廣電法規定，政令宣導短片與插播稿，如果在國語節目中插播，只能以國語播出。黃金時間早已禁播台語節目多年，因此這些警告民眾不可食用蔭花生的插播稿，依法在電視裡也只能用國語反覆播出，在十二月中旬以前，根本沒用台語播出過。彰化這裡只會聽台語的民眾，當然完全不知蔭花生有毒，白白犧牲寶貴生命。這也爲宋楚瑜帶頭，新聞局禁方言的暴政，留下一段台灣人最慘痛的記憶。

第六版　生活綜合版　星期一　報

彰化又傳蔭花生中毒命案

老祖母不幸死亡　小孫子仍在急救

衛署要求加強回收　呼籲民眾切勿食用

【本報訊】生寶公司產製的蔭花生玻璃罐頭又傳中毒情事，衛生署食品衛生處除要求地方衛生單位加強回收工作，並呼籲民眾切勿食用這家公司所生產的蔭花生及麵筋等產品。

昨天在彰化地區再度發生一對祖孫，食用生寶公司蔭花生中毒，祖母許賴幸中毒太深已經死亡，孫子洪振泰則仍在急救。

衛生署食品衛生處曾於三天前發出警訊，警告消費者不得食用生寶公司所產製的蔭花生罐頭，不幸仍發生此一事件。

根據許賴幸在台北的家人表示，許賴幸由於不識字，並不清楚衛生署已發出預警，而於日昨購買蔭花生玻璃罐頭食用。

衛生署是於三天前證實生寶公司的蔭花生，是造成九月廿八日彰化市進昌印刷廠六名員工集體中毒的元凶。截至目前為止，已知道該項產品造成二人死亡，六人中毒。

衛生署昨天已緊急通知台南縣衛生局，立刻到生寶公司追查銷售網，以明瞭銷售的地點，再指派各衛生局人員到各縣市的銷售點上，強制回收這項產品。

生寶公司因無罐頭公司的殺菌設備，以致殺菌不完全，使得肉毒桿菌在罐頭內滋生，導致食用者中毒。

肉毒桿菌廣佈於河、湖及一般土壤中，由於芽孢對熱及乾燥等不良環境有特強的抵抗力，因此攝氏一百廿度以下，對之幾乎毫無效果，易在食品內部缺氧狀況下分沁毒素，專家比喻只要一茶匙的肉毒桿菌毒素，便足使整個紐約市不留一個活口。

這次發生的中毒案是肉毒桿菌A型毒素，在食品內會產生異味，其他的肉毒桿菌毒素並不會造成異味，因此更令人防不勝防。

【新竹訊】新竹衛生局昨天在新竹市大猶商行，查獲了一批生寶食品公司

進食「蔭花生」中毒的洪振泰正在急救中。

「蔭花生」安危

「蔭花生」即是傳統的水煮花生加些調味料而成，吃起來口，在餐館經常可見做為小菜食用。

蔭花生連續造成二人喪命，並不是它的錯，如果以傳統的天煮的當天賣，絕不會發生任何問題。

這次中毒問題的起因是，傳統食品現代化，卻又執行的不夠生產的生寶公司只知學其他公司裝罐，卻不瞭解一定要攝氏度以上的高溫才能徹底殺菌，也不完全清楚罐頭食品的生產甚至認為玻璃瓶裝不是「罐頭」，因為它原本是一家產製醬

中興大橋　忠孝大

【本報訊】因中興大橋斷裂，忠孝大橋，該橋已從昨晚開始

■1986年12月1日《中國時報》6版報導，電視台只用國語插播「蔭花生有毒」的警示新聞，彰化又傳出祖母毒發身亡，孫子仍在搶救的悲劇。

國民黨要消滅的是台語，不是方言

二〇一五年宣布參選總統的宋楚瑜，八月十三日接受壹電視節目《正晶限時批》專訪時提到，外界質疑過去擔任行政院新聞局長時期，推動減少方言節目，把禁播布袋戲、歌仔戲罪名安在他頭上。其實他那時主動協調，讓三家無線電視台中有二家可上演歌仔戲，「我怎麼會去禁？」到底當年國民黨管制老三台播出台語節目的前因後果爲何？這件事就說來話長了。

其實國民黨在媒體上禁台語，早在電視尚未出現前就已雷厲風行。一九五三年省教育廳和新聞處以推行國語爲由，禁止電影院設置「辯士」（台語通譯）。省議員呂世明等人在省議會裡，曾以沒有辯士，觀眾無法了解劇情而請求解禁，但省府並未同意。

到了一九五九年，禁止電影院設置「辯士」的層級，提高到了中央，而且處罰更嚴格；教育部規定電影院放映國語片時不准加用台語通譯，違者將予糾正或勒令停業。

至於在電視的部分，一九六二年十月台視開播後，次年教育部即頒定〈廣播及電視無線電台節目輔導準則〉，其第三條規定「廣播電視台對於國內的播音語言，以國語爲主，方言節目不超過百分之五十。」

•

羅馬不是一天造成的，兩蔣禁方言的罪孽，當然也不是一天造出來的。在禁方言這件事上，立法院裡的某些老賊，其實是比兩蔣還有其身邊宋楚瑜之類的鷹犬還認眞。

講白一點，反攻大陸雖是謊言，但萬一眞能成功，兩蔣就能從台灣皇帝變成中國皇帝，身邊鷹犬也能跟著升天，多少還有點好處。可是請問反攻大陸後，立法院裡這些不用改選的老賊，還能用什麼理由高居廟堂、坐領高薪？所以在台灣最不想反攻大陸的人，絕不是什麼台獨分子，而是立法院裡的老賊。

黨外人士乃至後來的民進黨，總是抨擊老賊們尸位素餐、好吃懶坐或占著毛坑不拉屎等；但這一點他們大錯特錯了，老賊們還眞是少做點事比較好。他們眞要在茅坑上拉起屎來，拉出來的都是些什麼東東，請大家來見識一下。

一九七〇年六月十一日，立法院教育委員會裡，大連市立委穆超在質詢教育部文化局長王洪鈞時說：「本人建議王局長，廣播電視所有節目連同廣告，要採用百分之百的國語，以統一國家語言，促進民族的團結。」

四川省婦女團體立委王純碧，還「好心」的提醒來自天津市的王局長：「長此下去，勢必導致國語消沈，方言猖獗。倘爲企圖分化民族、割裂國土的政治野心家，利用語言的隔閡、陰謀不軌，則二二八事件又將重演，後果不堪設想，大可動搖國本，小則可逼遠地人無路可走而跳海。」

山東省立委楊寶琳則獻策說：「在推行國語、淘汰方言方面，政府應對電視事業作有計畫的要求，譬如今年國語發音節目占百分之六十，明年則提高至百分之七十，後年爲百分之八十，最後則完全淘汰方言。」

其他像是天津市立委溫士源、職業團體立委王大任，也都紛紛附和，要立法停播電視中的方言節目。在小蔣發動，老賊唱和，鷹犬逢迎的無間配合下，一九七二年四月十二日，文化局找了三家電視台高層來喝咖啡，要求各台配合政府的禁方言政策，自四月十六日起，各台必須減少台語節目到百分之十六以下。三台高層回去後只能揮淚祭起「大刀」，砍掉廣告金主的最愛。

華視由於台語連續劇最多，只好忍痛停播布袋戲與重播的《嘉慶君與王得祿》，並縮短《西螺七劍》與《媽祖傳》的播出時間；然後把清晨的空中商專教學節目，也算在國語節目時間裡，這樣總算把台語節目壓到百分之十六以下。

中視則停播星期二的《吉人天相》與星期四的《愛的故事》，中午再重播國語連續劇，這樣才得以壓到百分之十六以下。

台視因之前黃俊雄布袋戲停播剛被「關切」，台語節目已砍到所剩不多了，只要將兩齣播映中的台語連續劇，稍微縮短十分鐘，就能壓到百分之十六以下。

•

但「四一六大屠殺」只是小蔣當權後，對台語節目的「牛刀小試」，更慘烈的屠殺才正要開始。因爲在「四一六大屠殺」後，文化局每晚均派員監看，三台每晚六點半到九點半的「黃金時間」內，台語節目播映時間不得超過一小時，並且要分爲三個單元；每單元包括廣告在內，不得超過三十分鐘；兩個單元之間，必須以其他國語節目間隔，避免觀眾連續收看。

四一六大屠殺後，台視的台語節目已降爲百分之十四·四，中視百分之十二·七，華視百分之十六，初步都符合要求。但由於華視與中視「投機取巧」，分別用教學節目與下午重播國語連續劇，來擴大總播出時間以及國語節目播出時間。

何況三台高層早有默契，大家能播台語連續劇的時間都有限，在六點半到九點半這段黃金時間，大家就配合廣告商要求，把台語連續劇的播出時間錯開，這樣大家都有錢賺，也都能「配合政策」，達到當局對方言節目的比例要求。

但在十二月一日《聯合報》十四版，江蘇籍的廣播明星王大空，也不知道他是太聰明了，還是太笨了，竟然白紙黑字的把這件「國王的新衣」揭穿。他以十一月十七日的三台節目表爲例，讓不看國語節目的觀眾從下午六點半到九點半的「黃金時間」裡，都能看到台語節目。

這張大家心照不宣的「台灣人電視節目表」就是：「六點半到七點，看中視的《古城風雲》；七點到七點半，看台視的《青春鼓王》；七點半到八點，看華視的《望你早歸》；八點到八點半，看中視的《英雄膽》；八點十分到八點四十分，看台視的《佛祖》；八點四十分到九點，看華視的《鳳山虎》；九點到九點半，看中視的《難忘七號碼頭》。」照著這張「節目表」按表操課，你就能不受干擾的連看三小時台語節目。

「台灣人電視節目表」自十二月一日見報後，文化局也很尷尬，於是開始了更殘酷的「一二七大屠殺」。十二月二日就正式發函通知三台：「自十二月七日起，限播的台語節目不得再以百分比計算，而是改以時間計算。」

每天每台都不得超過一小時，而且必須分二次播出，午後及晚間各播一次。最重要的是晚間六點半到九點半這三小時內，台語節目限由一台播映，依台視、中視、華視的順序，三台輪流各播十日。

•

這次的「一二七大屠殺」，公函除通知三台外，並分送文工會、司法行政部與警總。小蔣的禁方言政策，不再是偷偷摸摸的找高層喝咖啡，而是堂而皇之的明正典刑。

由於「一二七大屠殺」，來得是又快又猛，三台高層就不像前一次「四一六大屠殺」那麼輕鬆，台視的《生死戀》、《青春鼓王》、《佛祖》；中視的《薔薇處處開》、《難忘七號碼頭》；華視的《俠士行》、《錢來也》等收視率極高的台語節目，都要乖乖的立即停播。

三台高層十二月五日在台視舉行「淨化節目協調會議」，由文工會副主任陳叔同主持，會中三台高層都對台語節目每台各輪十日的規定，認為是窒礙難行，建議能改為每台各輪三個月；但文化局則不同意，最後雙方折衷為每台各輪四星期；並有兩項新決議，一是三台每天限播兩首台語歌曲，二是任何節目皆不可做現場廣告。

•

到了一九七五年十一月十八日，老賊掌控的立法院，為了已經二讀通過的「廣播電視法」第二十一條，竟然爆發了難得的內鬨（二讀時的二十一條，三讀公布後的二十條）。

由於二讀後的條文，三讀時僅能作文字修正。行政院提出的條文原案是：「電台對國內廣播、播音語言應以國語為主，其所應占比率，由新聞局視實際需要定之。」

但一向視台語如寇讎的大連市立委穆超說：「方言的問題，它自然會慢慢消滅，不必憂慮，也不必惋惜。」；「方言是落後的語言，因爲方言有音沒有字，不能登大雅之堂。」；「講國語，用國語寫很好的文字，是做一個中國人的基本條件。」；「台灣同胞講閩南語，以整個中國大陸人口相較，數字很小，同時閩南語也是落後方言的一種，不必惋惜。」堅持要明定國語節目比例，達到他一舉消滅方言的理想。

另外河北省立委吳延環，趁機也來個「狗尾續豬」，堅持加上：「自一九八六年元旦起，廣播電視節目不得以方言播出。」的但書（十年後讓現有電視節目裡的百分之十台語也絕跡）。

幸好立法院裡也有腦筋比較清醒的資深立委，如莫萱元、張光濤、張季春、張希之等人，相繼發言主張條文中強調以國語爲主即可，不要完全廢止方言節目，以適應本地民眾的需要。

最後雙方協調，在草案中加入含糊的「方言應逐年減少」一詞，於一九七六年一月一日公布實施。而從一九七三年八月起，原本歸教育部文化局管理的電視節目，已改由行政院新聞局管理，手段則更加殘酷。新聞局將三台黃金時間輪播的台語連續劇，再緊縮爲不准在晚間七點半以後播出；甚至在國語節目中出現一句台語，也會被「糾正」。

這些以消滅台語爲己任，置百姓死生於度外的老賊，以及新聞局、文工會與警總的鷹犬，對電視節目裡台語演員的不標準國語深惡痛絕，但對兩蔣父子及其家臣如俞國華、周宏濤的不標準國語（寧波國語），卻從來不敢置喙。

禁台語確實不是宋楚瑜開始的，但在他新聞局長任內，卻是台語節目最少的（有限的台語節目時間裡，還要負擔沒人想看的政令宣導節目）。他們這些鷹犬與老賊要消滅的，是讓他們感到疑慮的台語；至於其他中國各地方言，尤其是官邸用語寧波話，雖然是方言，但老賊與鷹犬是不敢動其一根汗毛的。

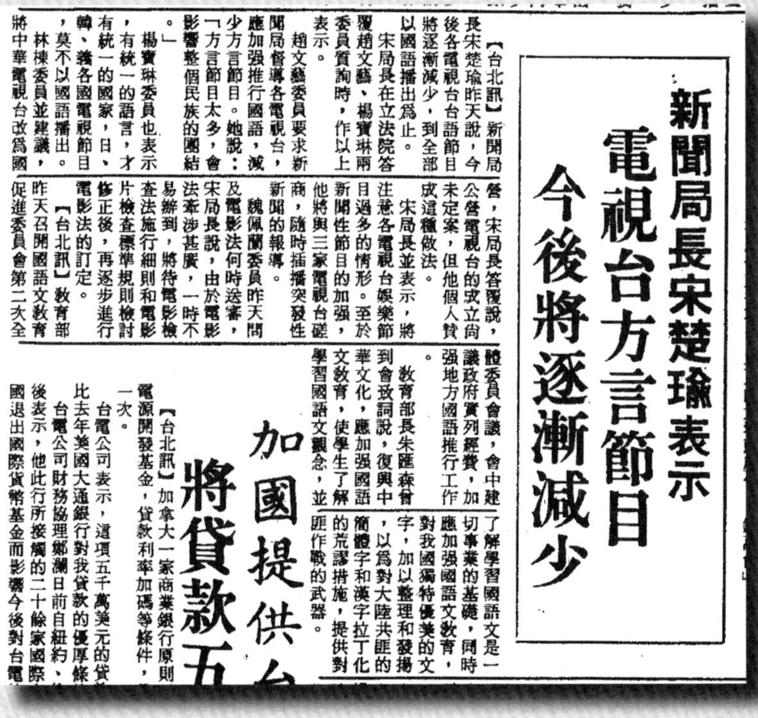

新聞局長宋楚瑜表示
電視台方言節目
今後將逐漸減少

【台北訊】新聞局長宋楚瑜昨天說，今後各電視台台語節目將逐漸減少，到全部以國語播出為止。

宋局長在立法院答覆趙文藝、楊寶琳兩委員質詢時，作以上表示。

趙文藝委員要求新聞局督導各電視台，應加強推行國語，減少方言節目。她說：「方言節目太多，會影響整個民族的團結。」

楊寶琳委員也表示，有統一的語言，才有統一的國家，日、韓、義各國電視節目，莫不以國語播出。

林棟委員並建議，將中華電視台改為國營，宋局長答覆說，公營電視台的成立尚未定案，但他個人贊成這種做法。

宋局長並表示，將注意各電視台娛樂節目過多的情形。至於新聞性節目的加強，他將與三家電視台磋商，隨時插播突發性新聞的報導。

魏佩蘭委員昨天問及電影法何時送審，宋局長說，由於電影法牽涉甚廣，一時不易辦到，將待電影檢查法施行細則和電影片檢查標準規則檢討修正後，再逐步進行電影法的訂定。

【台北訊】教育部昨天召開國語文教育促進委員會第二次全體委員會議，會中建議政府實列經費，加強地方國語推行工作。

教育部長朱匯森曾到會致詞說，復興中華文化，應加強國語文教育，使學生了解學習國語文觀念，並了解學習國語文是一切事業的基礎，同時應加強國語文教育，對我國獨特優美的文字，加以整理和發揚，以為對大陸共匪的簡體字和漢字拉丁化的荒謬措施，提供對匪作戰的武器。

加國提供台
將貸款五

【台北訊】加拿大一家商業銀行原則
電源開發基金，貸款利率加碼等條件，
一次。

台電公司表示，這項五千萬美元的貸
比去年美國大通銀行對我貸款的優厚條

台電公司財務協理鄭瀾日前自紐約、
後表示，他此行所接觸的二十餘家國際
國退出國際貨幣基金而影響今後對台電

■1980年4月27日《聯合報》2版報導，新聞局長宋楚瑜在立法院表示，今後各電視台方言節目將逐漸減少，到全部以國語播出為主。

爲祖國而戰的李登輝兄弟錯了嗎？

前總統李登輝接受日本媒體Voice專訪，稱二戰期間的台灣人：「身爲日本人，爲了祖國而戰」，並說：「七十年前，台灣與日本是同一個國家，既然是同一個國家，台灣對日抗戰當然不是事實」。

二〇一五年八月二十日晚間，馬英九出席紀念抗戰勝利暨台灣光復七十週年音樂會前，罕見地接受媒體堵訪時義憤塡膺的說：

「一個做過十二年中華民國總統、現在還享受總統卸任禮遇的人，居然會說出這樣『出賣台灣、羞辱人民跟作踐自己』的媚日言論，我感到非常震驚痛心跟遺憾。」

緊接著國民黨提名的總統候選人洪秀柱痛批：

「李登輝是不忠、不仁、不義且忘恩負義的『老番癲』，身爲中華民國的前總統，還接受中華民國政府的供養，竟然說這種話，實在太過分，呼籲全民口誅筆伐李登輝，難怪他叫岩里政男，他是日本人。」

果然次日多位國民黨立委在立法院舉行記者會，大黨鞭賴士葆表示：「國民黨團將在下會期會儘速處理《卸任總統副總統禮遇條例修法》，並取消『賣國行為者』的卸任禮遇。」

•

從課綱爭議至今，我一直想跟鄉民分享的就是「我們為什麼要學歷史？」也許大家各有各的答案，但我認為「歷史就是要讓我們學習傾聽與對話」。出生在統治階級家庭的馬英九，滿腦子就是兩蔣灌輸的天朝史觀，為了競選，這些高級外省人平日總是裝出一副溫良恭儉讓的樣子，但若有老人說出眞相（即使只是陳述生命經歷），這些被黨化教育餵食，沐猴而冠的主子，立刻原形畢露，張牙舞爪地叫囂「出賣台灣、羞辱人民跟作踐自己」的仇日言論。

歷史究竟是什麼？有人以為歷史是民族的共同記憶。錯了，歷史在中國是個淪落風塵的苦命女，每個有權勢的人都想來玩弄她，因此分類方式總是隨執政者的起落而改變。舉個最簡單的例子，今天中國從上到下口徑一致的反對台獨，但時光倒回至一九三六年七月十六日，毛澤東在延安會見斯諾（Edgar Snow）時，斯諾問：

「中國人民是否要從日本帝國主義者的手中收復所有的失地？」毛澤東回答道：

「不僅要保衛長城以南的主權，也要收復我國全部的失地。這就是說滿州必須收復。但我們並不把中國以前的殖民地朝鮮包括在內。當我們收回中國的失地達成獨立以後，如果朝鮮人民希望掙脫日本帝國主義者的枷鎖，我們將熱烈支援他們爭取獨立的鬥爭。這一點同樣適用於台灣。」

這段話在《紅星照耀中國》英文版"Edgar Snow: Red Star Over China（New York: Random House, 1948）"第八十八至八十九頁。中文版這段話一度失蹤過，現在不知恢復沒有？

當老毛被老蔣五次追剿而流落延安，自身都難保了，腦裡怎麼會想到「收復」台灣？但今天有人會拿著這段話，要中國領導人承認台灣獨立嗎？我們研讀歷史，最重要的就是必須回到當時的情境，不能以今律古。所以回到李登輝的原文，讓馬英九借題發揮的那段話是：

「該活動是『抗日』，但本來直至七十年前為止，日本和台灣原本就曾經『同為一國』。因為曾『同為一國』，故不存在有台灣與日本打仗（抗日）這樣的事實。我志願進入陸軍，而我的兄長李登欽則志願進入了海軍。當時我們兄弟倆無疑地是以作爲一個『日本人』，爲了祖國而戰的。」

李登輝的這段話，由於日文裡的動詞時態，不像英文中的規則變化與不規則變化一目了然，因此中文翻譯不能說翻錯。但中文動詞沒有時態，所以那段話很含糊。如果李登輝說的是七十年前的祖國，那就沒有任何爭議，因爲不管你喜不喜歡，當時台灣確實就是日本在統治。就算要去中國投入蔣委員長麾下當半山，除非偷渡，還是要拿日本護照出境。

究竟李登輝的原意是否包括現在，應請教眞正懂日語的專家。日文眞的很含糊，不是以日語爲母語的人，永遠搞不清他們眞正要表達的是什麼。但也千萬別問我，因爲我是個連看A片也需要字幕的廢宅，問了也是白問。

二十多年前剛解嚴時，大學裡都還沒有台文系所，有個大學的中文系就辦了場國際學術研討會，請了一九四一年九月於《文藝台灣》發表的小說〈志願兵〉，一九四三年代表台灣出席第二回大東亞文學者大會，被認爲是皇民作家代表的周金波。當時其他被稱爲皇民作家的如陳火泉、王昶雄等人，作品都已被選入國文課本；但他們的代表作都只是散文與詩，而〈志願兵〉這篇小說，卻明顯是在鼓勵當時的台籍青年參軍。爲了平衡不同觀點，也請了同時期的台籍作家，二二八之後好像還與周金波是獄友的劉捷出席。

由於是國際學術會議，一開始都還以國語發言，結果兩位加起來一百六十多歲的老先生，改用台語爭辯；最後乾脆就用日語「溝通」。本來預備的口譯，是爲了爲日籍外賓服務，任務是要中翻日的，現在忽然變成要日翻中，而且兩位老先生搶著說，用的又是戰前日文，眞的是讓口譯者滿頭大汗。

因爲不是很了解兩位老先生爭辯的內容，會後我私下請教周金波，大概了解老先生認爲當時即使是眞的志願從軍，仍有兩種不同的動機，一種就是身爲皇民，不必思考，做就是了；但另一種則深感台灣社會的落伍迷信骯髒等景況，非皇民化無以改善，而皇民化的最快方法則是參軍。或許周老先生年輕時眞正在意的不是皇民，是奉公；但他的想法顯然不被台灣人接受，也不被日本人認同。

李登輝到底是怎樣的皇民？是怎樣的基督徒？是怎樣的國民黨？以及是怎樣的台獨？總是讓人無法摸透。但無論如何，要想揣摩二戰結束前的李登輝，除了聽他自己怎麼說，同一時期台籍作家的小說龍瑛宗《植有木瓜樹的小鎭》、吳濁流《亞細亞的孤兒》與鍾肇政《濁流三部曲》，以及回憶錄張深切《里程碑》與劉捷《我的懺悔錄》，或許比迄今仍是政客所說的更眞實貼切吧！

李投書日媒"日本曾是祖國 對日抗戰非事實"

馬重批李：出賣台灣

李登輝說了什麼

李登輝投書日本Voice月刊，稱二戰期間的台灣人「身爲日本人，爲了祖國而戰」 東京記者雷光涵／翻攝

【記者楊湘鈞／台北報導】前總統李登輝日前投書日本Voice月刊，稱二戰期間的台灣人「身爲日本人，爲了祖國而戰」，並說「七十年前，台灣與日本是同一個國家，何來『抗日』之說？」他與哥哥李登欽當時身爲日本人，自願加入陸軍與海軍「爲祖國奮戰」；並指台灣慰安婦問題已解決，沒必要再挑起。

李登輝也詮釋民進黨總統參選人蔡英文的兩岸「維持現狀」，即維持台灣是台灣、中國是中華人民共和國，即表示台灣與中國大陸爲個別的「存在」，實無必要倡議獨立而造成國際社會紛爭，他也從未主張台獨；他並肯定蔡英文、表態大選將挺蔡。

李登輝日前訪日以「台日新合作之序幕」爲題投書「Voice」指出，馬總統主導下七月四日在新竹湖口舉行抗戰勝利七十周年紀念活動，台灣人民不甚關心，日本交流協會台北事務所代表沼田幹夫也缺席，此爲理所當然，因七十年前台日同屬一國。

李登輝指出，馬總統宣布將成立慰安婦紀念館及宣稱廿年前開始幫助台灣慰安婦，但廿年前他執政時馬是他翻譯，他從未聽聞此事。

李登輝批評，馬一連串的動作「可謂對日本之曖

馬總統爲何生氣

李「羞辱人民、作踐自己 應向國人鄭重道歉」

針對前總統李登輝在日雜誌發表的言論，馬總統凝重表示，這種說法「出賣台灣、羞辱人民、作踐自己」。 記者程嘉文／攝影

【記者程嘉文、楊湘鈞／台北報導】針對前總統李登輝稱日本曾是祖國、台灣對日抗戰並非事實，馬總統紀念抗戰是爲疏遠日本、討好中共，並指慰安婦問題已解決。馬英九總統昨晚罕見重話回批李登輝「出賣台灣、羞辱人民、作踐自己」、「媚日程度令人震驚、痛心與遺憾」，要求李收回這些話，並向國人鄭重道歉。

「一個做作過十二年中華民國總統、現在還享受總統卸任禮遇的人，居然會說出這樣出賣台灣、羞辱人民跟作踐自己的媚日言論，我感到非常震驚痛心跟遺憾。」馬總統昨晚出席抗戰紀念音樂會前，被問及李登輝投書日媒的言論，他痛批李「怎麼對得起抗日先賢先烈以及兩千萬犧牲的軍民同胞？」

至於李登輝稱慰安婦問題已解決，馬總統建議李應去看紀錄片「蘆葦之歌」，慰安婦問題至今還沒解決，希望不要再傷害她們，要關心幫助她們。總統府發言人陳以信表示，馬總統對慰安婦阿嬤的幫忙照顧從

■2015年8月20日《聯合報》1版報導，李登輝接受日本媒體Voice專訪，認為台灣人在二戰時是「為了祖國而戰」，馬英九則痛批「羞辱人民，作踐自己」。

Part 3 二二八新頭殼

這是台灣人與外省人間最敏感的話題，
這個悲劇的成因在於老蔣派來的接收人員素質低劣，
卻以戰勝者姿態鄙視台灣人和台灣文化。

有位超人氣的外省籍名廚，以料理粵菜出道，深獲一位美食家讚賞，兩人也成爲好友。有次在節目裡，製作單位爲了大多數觀眾的需求，請名廚示範料理台菜，也請美食家講解。爲了通告費與日後跟製作單位的合作，美食家在鏡頭前絲毫沒有異狀，像平日那樣順利錄完。

不料一離開攝影棚，美食家就對廚師好友私下抱怨，認爲湯湯水水的菜色上不了檯面，沾醬腥臭像豬吃的，還好心勸他：「買醋要去南門市場進去×轉第×間，他們台灣人的黑醋比洗腳水還難聞。」

這位廚師雖是外省人，但他父親從軍隊下來後，就在台北的夜市擺攤，靠賣這些湯湯水水與豬吃的，養大他們這一群兄弟姊妹，他們全家這麼多年來也就吃這些自己賣的。因此氣得很想嗆聲：「不是『他們台灣人』，是『我們台灣人』才對。」不過爲了不影響整個工作團隊，這位廚師只好沉默帶過這一話題，但日後與美食家除工作外，私下也就不再往來了。

戒嚴時代兩蔣爲了維繫在台的獨裁體制，不但要刻意攏絡恩蔭侍從體系，外放他們到各地與各單位成爲高級外省人。當權者爲了鞏固執政基礎，對於這些「核心侍從體系」成員的下一代，在教育上也要自小灌輸莫名的優越感。以統治者自居的高級外省人，這種無來由的優越感，七十年後都還難以消滅；從歷史來看，一九四七年的這場悲劇，當然無法避免。

不過台灣社會最寶貴的資產，就是我們的包容力。我的姓氏很容易就看出是外省人，無論訪談任何本省人，一開始也總是飽受異樣眼光，說從無挫折感那是騙人的。

但在我的經驗裡，台灣人對外省人，只會相信三種人：

(1)願意把他當朋友的人。

(2)願意帶頭做事與默默做事的人。

(3)三是能力比他強的人。

第三點我至今依然達不到，但前兩點我努力過，也從未放棄過，所以總能慢慢累積出些許成果，也提供給您參考。

外省人之間的二二八風暴

一年一度的二二八過去了，二〇一五年還因從未見過的祖父，在鏡頭前哭到淅瀝嘩啦的柯P，二〇一六年卻效法老毛的「十年後再次泳渡長江」。據新華社一九六六年七月二十四日武漢報導，毛主席七月十六日再一次「乘風破浪，暢泳長江，……歷時一小時五分，游程近三十華里（十五公里），不管風吹浪打，勝似閒庭信步。」已經七十二歲的毛澤東，橫渡長江的速度竟比奧運選手還快。

如今柯P也不落「毛」後，繼「一日北高」後，二月二十七日挑戰「一日雙塔」，從新北市富貴角燈塔到屏東鵝鑾鼻燈塔，全程五百二十公里，結果以近二十九小時完成「阿伯不可能的任務」。而且騎到鵝鑾鼻後還鼓勵大家用「口水」取代淚水；不，是用「汗水」啦！放了這麼多年的二二八國定假日，聽了這麼多政客的陳腔濫調，讓我回憶起十年前林義雄在紀念二二八時所說：

「不應再草率地以外來政權、族群不和等浮面現象來模糊二二八的眞相，應直探二二八的本源，也就是專制腐化的政權殘酷鎮壓抗暴民眾，並蓄意屠殺台灣菁英以確保政權。探究二二八的眞相，應該從歷史事實中學習寶貴教訓，不單在於對當年加害者的譴責。如果能進一步從當年抗暴人士所犯的各種錯誤中獲得教訓，從中學得如何避免專制政權的產生，以及反抗暴政的能力，才能使這件慘案對大家有積極正面的價値。」

正如林義雄所言，二二八絕不只是外來政權與族群不和等浮面現象。即使在統治階層，簡單說就是那些高級外省人之間，二二八也是充滿著矛盾，三不五時就會引發茶壺內的風暴。戒嚴時代由於言論管控得超嚴，二二八是絕對禁忌；但蔣經國惡貫滿盈後，二二八就成了權力鬥爭下「大風吹，吹什麼？」的搶位子遊戲了。

•

一九七〇年代初期，還是太子爺的小蔣就用寒暑假，廣邀海外學人回台，參與政治大拜拜式的摸頭大會，簡稱國建會。一九八八年初小蔣駕崩後，年底國民黨仍循例大拜拜。原本是官邸帳房外放閣揆的俞國華，一九八六年的三月十九日在立法院裡答詢時，對二二八事件仍解釋爲：

「所謂二二八事件，實際上就是中共潛台分子陰謀顛覆，企圖一舉攫取台灣的煽惑暴動事件。這是中共的一貫伎倆，由於政府處置得當，於當年三月十五日即告平息。」

但小蔣駕崩當年的十二月三十一日，俞國華與海外學人聚餐時，回答張旭成教授有關二二八事件時，卻改用新主子李登輝的說法：

「打開歷史、民族與民族間的紛爭與衝突，所在多有，但過去的就讓它過去，而且歷史已經癒合傷口，沒有再追究的必要，我們要往前看，不要往後看，大家應團結一致，共同爲國家建設而努力。」

這段話俞國華說得四平八穩，也與李登輝同調；偏偏他老人家可能是吃到了哆啦A夢的誠實豆沙包，又加了這句：「當年滿洲人入關殺了很多漢人，滿洲皇帝也未向漢人道歉。」雖然這句話才是統治者很難得會說出的眞心話，但被史學界大老、中研院院士的匹茲堡大學許倬雲教授記下，刊於《新新聞》，就在立法院裡引發軒然大波。

當時國會尚未全面改選，民進黨不要說少於外省籍的老立委，即使在需要定期改選的增額立委裡，也遠遠不及國民黨，所以次年二二八當天，民進黨立委在質詢時，雖然一致要求俞國華道歉，甚至引咎辭職，根本只是在狗吠火車。

可是「滿洲皇帝也未向漢人道歉」的說法，揭開的不只是族群間的矛盾，連外省第二代的國民黨立委，也被口水風波掃到。因爲老賊們不必改選，官邸外放出來的家臣也不用理會民意，可是年輕的增額立委每三年就要改選一次，俞國華這句話一出，外省第二代的國民黨立委也傻眼了，下次就不用選了嗎？

因此以趙少康爲首的新國民黨連線增額立委，這時雖還未在立法院裡正式成立，但這個非主流的次級團體已隱隱成形；大家爲了自己的選舉，當然無法再去護航俞國華這種論調。連言論最右最統的聯合報系，也在一九八九年三月四日，於《聯合晚報》社論痛批「俞院長說錯話了？」

俞國華說了眞話的下場可想而知，因爲就算是民進黨，甚至台獨團體，最多也只會批評兩蔣父子是皇帝，還不至於被俞國華說成是「滿州皇帝」。一六四五年滿清八旗包圍史可法堅守的揚州，城破之後清軍元帥多鐸下令屠城，據王秀楚《揚州十日記》所載，清軍殺了八十萬漢人。

把二二八比喻爲異族之間屠城，俞國華說的雖是國民黨高層的心裡話，但有勇氣這麼「大白話」式的表達，也難怪會激怒外省籍第二代的國民黨立委與聯合報系。而虎視眈眈的李煥，甚至郝柏村、宋楚瑜等外省籍政客，就像鯊魚嗅到的血腥味，早已圍繞在受傷的大魚身邊，伺機飽餐一頓。

果然到了五月中旬，俞國華在飽受立委「包養黃姓酒家女」的攻訐後，加上「滿洲皇帝也未向漢人道歉」的風暴，終於在壓力下宣布辭職。其夫人俞董梅眞女士在十七日接受中視夜線新聞採訪時，說了一句至今仍在流傳的名言：「政治太可怕了！」

被內鬥到遍體鱗傷的俞國華，下台的同時也藉著夫人受訪時，狠狠給了奪權者李煥一刀。俞董梅眞在受訪時諷刺：「我想這是很好的時機，把擔子交給年輕人吧！」從閣揆卸任的俞國華七十五歲，接手的新任閣揆李煥七十二歲；一個七十五歲交給一個七十二歲的，竟然是「交給年輕人」？可見在台灣史裡，高級外省人之間，也會有二二八風暴啊！

「滿州皇帝未對我國人道歉」

俞揆否認說過這句話

【台北】頻遭民進黨籍立委指責對「二二八」有比擬不當說辭的行政院長俞國華，昨日在立法院的施政報告結束後，即席提出澄清。他指出，去年年底接見海外學人時，並未言及「滿州皇帝並未對我國人道歉」這句話，這是外界不實的報導。

立法院昨日上午的院會中，因適逢「二二八」，又是行政院長施政報告並備質詢的第一天，民進黨籍立委借「二二八」話題大作文章。

余政憲即明白指出，去年十二月卅日俞國華會見海外學人時，曾表示滿州人入侵我國時，傷害我國人，為數眾多，事後滿州皇帝並未對我國人道歉。他強調，國民黨雖未要求滿州人道歉，卻以武力推翻之；是否也意味台灣人可以不要求國民黨為「二二八」道歉，卻可以武力推翻國民黨的政權呢？

俞國華在口頭施政報告後隨即補充說明，他表示，去年底接見海外學人時說：「打開我國歷史，民間鬥爭，民族衝突，所在多有，過去的事，史已經癒合了創口，實沒有再追究的必要，我們要往前看，不要再往後看，要團結一致，共同為建設復興基地而努力。」

俞國華強調，他當時並未說過：「滿州皇帝，並未對我國人道歉」這句話，這是不實的報導。

■1989年3月1日《自由時報》2版報導，閣揆俞國華否認曾用滿州皇帝不用道歉來類比228，但仍引發之後李煥及其他外省第二代立委對俞揆的奪權內鬥。

二二八就是屠殺，反不反都要殺

四、五年級生應該都有印象，我服役與當代課教員那幾年，每逢二二八，軍公教警無不風聲鶴唳、草木皆兵。

情治機關甚至廣派鷹犬「滲透」各單位，若是不慎被這些走狗貼了反動標語，該單位值夜者連同主管都還要被懲處。

馬英九雖然年年二二八都會行禮如儀的追悼受難者，但在之前的一一三（小蔣祭日）四五（老蔣祭日）這兩天，也依然去桃園向那兩具殭屍「謁陵」。

這種變態到又拜殺人者，又拜被殺者的荒唐行徑，看來不等他像阿扁那樣下台後進土城報到，歹戲一定還要一直拖下去。

據二〇一五年二月二十六日《自由時報》報導：

「二二八事件紀念基金會昨日舉辦《見證二二八》新書發表會，包括民進黨前主席姚嘉文及多位受難者家屬與會。」

新書邀人權攝影家潘小俠、白色恐怖受難者楊碧川、人權及文史工作者陳銘城參與，總計採訪拍攝二二八位受難者或遺族，受難族群包含原住民、閩南、客家、外省四大族群，事件發生地點遍及台灣全島。

二二八事件紀念基金會董事長陳士魁，本身也是二二八受難者家屬，他的伯父陳成岳在事件中被槍決。據陳成岳的媳婦陳賴麗卿在書中受訪指出，陳成岳出身羅東醫生世家，戰後曾任台北縣參議員，二二八時擔任羅東地區治安委員會主委，維持地方治安，營救並安置四十多名外省人，兩個月後卻被警察抓走，四月二十九日晚間被抓到舊蘭陽橋上槍決，滾落橋下後，還被槍尖刺到死。

•

其實早在阿扁還在位時，國民黨就在二〇〇六年二月二十二日的中常會裡，由黨主席馬英九定調二二八事件是「官逼民反」，但這種無稽的推論隨即引發爭論。紀念基金會董事長陳士魁二十一日時，他的伯父陳成岳當年是從日本留學回來的醫生，根本沒有「反」卻被殺害，他曾向馬英九總統表示，二二八事件是官逼民反的說法，他無法接受。

陳士魁還表示，二二八受難者家屬張安滿去年就曾表達，不能接受國民黨定調的「官逼民反」說，而張安滿的心情他能理解。

事實也就是如此，很多受難者當時根本沒反，也不敢反，純粹就只是在國軍清鄉時無辜被殺。去年中樞紀念儀式到花蓮舉行時，陳士魁說他曾向馬總統當面表達，而他也相信馬總統聽得懂他的解釋。

正如好友蔡其達說的：「可以理解受難家屬不願揹負『官逼民反』的心理；但以順民姿態求平反，只會稱了統治者的心願。不論二二八、白色恐怖，若永遠只有受害者而無加害人，那麼轉型正義就只會空轉，民主、人權的根基永遠不踏實。」

當然，從歷史來看，二二八的來龍去脈，實在不可能用有限的幾千字解釋清楚。我只好借用胡忠信大哥的破題法：「先講結論，二二八就是屠殺，反不反都要殺」。

•

二二八發生在二戰結束後一年多，老蔣剛從日本手上取得對台統治權，但這時兩岸之間的發展已天差地別。不要提什麼法治、經濟、教育，就拿最基本的衛生來說吧！老蔣這麼一個野蠻的軍閥，要統治一個相對文明的地區，悲劇就已揭開了序幕。

一八九六年馬關條約簽定後，日軍入台面對了各地的抗日民兵，結果戰死的只有一百六十四人，但卻病死了四千六百四十二人，病死是戰死的四十倍。也就是說，病菌的戰力是全台義民的四十倍。

台灣惡劣的衛生環境與疫病的流行，逼得日本政府一度考慮讓中國贖回台灣。諷刺的是台灣的蚊蠅，竟然比反抗軍更能讓日軍懼怕。當時日軍的《征台衛生彙報》中如此描述：

「市街不潔，人畜排泄物在街上到處溢流，被亂跑的豬隻掃食。又犬、雞、豬和人雜居，其糞便臭氣充滿屋內……」

日本治台之初，致力於衛生醫療的改善。從廣建醫衛設施到普及教育，並禁止妨礙衛生的民俗。更透過強制的「港口檢疫」，將台灣與外來病源（主要來自中國）隔離開來。終於有效地防治鼠疫、天花、霍亂、瘧疾、白喉、傷寒、猩紅熱等疫病。

但是戰後老蔣一「光復」台灣，政治經濟倒退也就罷了，士兵上街搭車、看戲、買東西都不付錢也罷了，連絕跡多年的天花、鼠疫、霍亂等瘟疫也都「光復」了。

一九四七年二月二十七日，就在二二八事變爆發前一天，台灣的《民報》社論就這樣說：

「我們台灣在日本統治下，雖然剝削無所不至，但是關於瘟疫和飢荒卻已經漸漸變作不是天命了。可是光復以來，這個『天命』卻也跟著光復起來。天花霍亂鼠疫卻自祖國搬到。」

老蔣派來的接收部隊與官員，在經過殘酷的日軍統治後的台灣人眼中，簡直是一支乞丐兼強盜的團體。

品德的低落已讓人無法忍受，個人衛生習慣更是讓人無法恭維。隨地吐痰、大小便，讓瘟疫一發不可收拾。連台灣省政府公營的《台灣新生報》，在一九四六年三月六日社論都坦承：

「我們向來自認台灣是個衛生樂土，而之所以能確保這衛生台灣榮名的原因，全在衛生思想普及，防疫設施完備這兩點。關於這一方面，我們不容諱言，是日本殖民統治功罪史裡一個不能消滅的事實。」

•

從老蔣個人的昏庸自私，到兩岸發展上的落差，會出現二二八事件，絕非歷史的偶然，而是現實的必然。

因此大家可以發現，二二八事件一等國軍登陸，只要日治時代曾在中國生活過的台灣人，無論左右，都是先逃再說。然而大多沒有中國經驗的台灣知識分子，以爲祖國的軍隊總不至於比異族的還殘暴吧？結果國軍一登陸後，立刻針對全島知識分子作了大屠殺，受害的名人包括：

台灣第一位哲學博士，也是台大文學院代理院長林茂生、從美國哥倫比亞大學經濟歸來的台灣金融家陳炘、省參議員王添燈、制憲國大代表林連宗、高等法院推事吳鴻麒、曾任新竹地檢處檢察官的建中教員王育霖、台北律師公會會長李瑞漢及其律師胞弟李瑞峰、醫學博士施江南、台灣新生報總經理阮朝日、台灣新生報日文版編輯吳金煉、專賣局煙草課長林旭屏、淡水中學校長陳能通、台北市參議員黃朝生、徐春卿、李仁貴、陳屋、基隆市參議會議長楊元丁、省立宜蘭醫院院長郭章垣、制憲國大代表，花蓮縣參議會議長張七郎及其兩名醫師兒子張宗仁、張果仁、著名畫家陳澄波、嘉義市參議員潘木枝、盧炳欽、三青團嘉義分團主任陳複志、台南縣商會理事長暨縣參議員黃媽典、台南市著名律師湯德章、岡山教會牧師蕭朝金、屏東市參議會副議長葉秋木等。

這些台灣各地的社會菁英，絕大部分都未涉及暴動，但卻無故遇害，國軍既是前來「平亂」的，爲何卻連沒有「亂」的人也要「平」？顯然他們不是被誤殺的，因爲不可能在幾乎相同的時間裡，有那麼多社會菁英人士會如此「巧合」被誤殺，那是老蔣安排下有計劃的謀殺。

經過這場知識分子大屠殺（當然有更多平民百姓，還有些外省人也跟著陪葬），台灣人從政的機會更少了。當然，對擁有無限權力當權者來說，屠殺就只是要立威，反不反都要殺的。

馬英九：228官逼民反 非族群對立

指行政長官陳儀倒行逆施 導致單一事件不可收拾 以國民黨主席身分道歉
但黨本身並未參與228行動 如要求償 與體制不符 今系列活動追思受難者

（臺北訊）臺北市二二八紀念館昨日舉辦「初春的輓歌—南瀛冰寒二二八」特展，首度公開展出成大二二八事件；臺北市長馬英九說，二二八事件形成原因複雜，並非族群關係，是官逼民反。

馬英九指出，複雜原因包括二次世界大戰後經濟蕭條、十數萬人失業、國共內戰及臺灣行政長官陳儀施政貪污腐敗等，當時全島暗潮洶湧，導致單一個案激起二二八事件；但當時很多本省人保護外省人，二二八事件並非族群關係，是官逼民反。

他指出，二二八事件發生當時，中國國民黨是執政黨，因此，以主席身分代表國民黨道歉，但是，國民黨本身並未參與二二八事件的行動，因此如要國民黨賠償，可能與體制不符。

擔任法務部長期間，參與「二二八事件處理及補償條例」立法過程；馬英九表示，了解政府道歉、建碑、訂定二月二十八日為國定紀念日等過程，因此，與部分受難家屬，約十多年前就有聯繫。

馬英九表示，過去約十多年，政府推動各項工作，形成制度，可能仍與受難家屬期待還有落差；受難家屬現在最需要真相，唯有真相大白，讓所有受難家屬了解二二八事件真相，才能撫慰受難家屬。

遠道來自臺南縣市的二二八受難家屬團體代表建議，將成大二二八事件公展，移師臺南縣市展出；馬英九說，不僅臺南縣市有需要，只要全國各個縣市有需要，都可與臺北市政府聯繫展出。

（陳其育／臺北訊）國民黨為紀念二二八事件五十九周年，今天將在二二八公園舉行追思儀典系列活動，包括製作「還原二二八」紀錄片、張貼國民黨籍二二八受難者巨幅遺像，以追思二二八受難者。

國民黨文傳會表示，今起國民黨將舉辦一系列追思活動，今日先於臺北市二二八和平公園紀念碑廣場，舉辦「謙卑省思、誠摯對話、信守承諾」追思儀典，會中將邀請一百二十人受難者家屬參與，由黨主席馬英九致詞，同時由本土樂團「采風樂坊」演奏臺灣曲調，撫慰二二八亡靈。

（黃敬祥／嘉市訊）國民黨主席馬英九，今天將前來嘉義市，與二二八事件受難家屬，在彌陀路二二八紀念碑前，一同舉辦追思記念活動；隨後在垂楊國小參加國民黨的行動中常會，並聽取立委補選，江義雄的選情報告。

■2006年2月25日《中央日報》4版報導，在國民黨中常會裡，由黨主席馬英九定調228事件是「官逼民反」，但這種無稽的推論隨即引發爭論。

先別談二二八了，你聽過三八大屠殺嗎？

解嚴之後每逢二二八，都是台灣人難以脫逃的災難。因爲這些弱智媒體，永遠就只會追逐當年在美國做抓扒仔的總統有沒有被吐口水？或是殺人屠夫的銅像有幾處還沒被潑漆抹糞？

二〇一五年可好了，又多了一個隱性的小蔣粉絲柯P當上了台北市長，接不接受另外那個顯性粉絲老馬的「死亡之握」，竟然也成了花邊新聞；這樣被弱智媒體消費化與娛樂化之後的二二八，悲劇早已成了鬧劇。

回歸正題，二二八事件究竟是歷史上的必然？還是偶然？現在流行的說法是突發的、可避免的，但事實眞的是如此嗎？爆發二二八除了政治腐敗、特權橫行、經濟崩潰、物價飛漲、軍紀不良、治安敗壞等客觀因素以外，最關鍵還是在於老蔣派來的接收人員素質低劣，卻以戰勝者姿態鄙視台灣人和台灣文化；以及台灣與中國之間價値觀與文化素養，存在著重大落差。

這些複雜的因素，無法一一細說。所以，我只好借用安麗人的招呼用語：

「先別談二二八了，你聽過三八大屠殺嗎？」

・

兩岸開放觀光後，台灣人對中國觀光客最不滿的，就是在機場、餐廳或路邊公然便溺（香港人的反彈更大）。但大家也別抱怨這些觀光客，這本來就是「勃大莖伸」的中國傳統文化。去看一下《紅樓夢》二十七、五十四與七十一回，大觀園建築富麗堂皇，裡面的小姐丫鬟們美如天仙，但請問她們都在哪裡如廁？造景的假山、大桂樹蔭下、花間草叢皆可。

中國與曾被日英殖民的台港兩地，衛生條件（觀念）差距太遠。一群文明度較低的人要統治文明度高的地區，勢必引發衝突。難怪二戰結束後老蔣接收台灣，一年後就爆發二二八，因爲當時兩岸之間不要說法制、經濟、國民教育普及率各方面，台灣都領先中國。光是傳染病，一九四六年就爆發了大規模的霍亂，甚至還有鼠疫與天花。

從剪報中可得知，二二八事件爆發的前一年（一九四六年），也就是老蔣把在台的日本軍憲警等公職人員都遣送回去，改由大陸派人來統治的第一年，台灣各地就爆發多起警察（包括海關、專賣局）對群眾開槍造成死傷，民眾憤而包圍官署的衝突事件。只因爆發地點不是在台北鬧區，沒有引發全島效應。當時民眾包圍警局最嚴重的新營、布袋與員林三大事件，有兩件都是因爲傳染病。

•

布袋事件發生在一九四六年四月。嘉義的布袋嘴是台灣與廈門、福州、汕頭的對口港，當時屬於台南縣。由於台灣南部開始爆發霍亂，東石區署調派警察荷槍實彈隔離布袋嘴。當地居民爲了生活，只好靠賄賂警察以進出封鎖線採買購物，但沒有行賄者進出就遭武裝警員阻擋。一些民眾不服逕自衝出封鎖線，看守的員警就以輕機槍掃射造成死傷，民眾憤而包圍東石區署。直到台南縣政府取消封鎖，並派遣醫師協助東石區署防疫後才化解。

新營事件發生在一九四六年七月。霍亂從四月到七月在台南已造成三百多人死亡，疫情並逐漸往北擴散。中元節台南縣新營鎮上帝爺廟舉辦普渡，不少食客湧進廟會看戲。

但戲演至一半時，兩名持槍員警衝到台上，以霍亂正在流行爲由禁止演戲，還命令觀眾解散。群眾譁然鼓譟甚至投石抗議，台上員警就向台下群眾開槍。群眾更爲憤怒進而包圍圓環旁的縣警局，圍毆員警並搗毀門窗、檔案。幸好台南縣縣長袁國欽及縣參議會議長陳華宗聞變連夜趕來化解，才平息這場衝突。

從台灣回歸祖國懷抱，幾個月後所有被日本撲滅的傳染病都「光復」了，這個現象就能看出二二八事件是必然而非偶然。這種官民衝突，根本不必放假紀念。大家眞正應該關心的重點，是三月八日老蔣藉著「平亂」爲名，派軍上萬人分南北二路抵台「亂殺」的惡行。

但兩蔣粉絲至今仍在瞎扯的理由，就是二二八有台灣暴民攻擊外省人，以此作爲「平亂」的正當性基礎。但包括馬英九都無法解釋的是：要怎麼證明被國軍屠殺的這些人，就是之前攻擊外省人的那批暴民？

•

到底在二二八事件中有多少外省人遭暴民殺害？根據官方統計，〈監察使楊亮功何漢文的事件調查報告〉說是三十三人，警總所編《台灣省「二二八」事變記事》說是四十五人。但是這三十三或四十五人是被哪些「暴民」殺的？其實這就跟小蔣豢養的鷹犬，在一九七九年美麗島事件中自導自演的「先鎮後暴」差不多。只要自己派些走狗充當暴民，之後的「平亂」就師出有名了。

一九四九年三月蘇新在香港出版的《憤怒的台灣》，裡面就提到這些兩蔣鷹犬的惡行惡狀。例如三月六日陳儀已接到二十一師從上海出發、憲四團從福州出發的中央密電，就利用混入二二八處理委員會裡的走狗，在討論處理大綱及政治改革方案時，在三十二條之外又加入十條。

其中政治方面第二十九條「本省人之戰犯及漢奸嫌疑被拘者，要求無條件即時釋放。」這條是由CC特務分子、國民黨台灣鐵道特別黨部書記長黃國信提出，其他的特務分子叫喊贊成威脅通過的。這四十二條要求就成了「反抗中央背叛國家陰謀」之罪行，成爲「大屠殺」的藉口。

這些是走狗的文鬥，至於武鬥的部分，最具代表性的組織就是處委會治安組忠義服務隊。吳濁流的《台灣連翹》提到原本是要「維護治安」，卻成了民間眼中「公然打劫、威脅良善、結隊橫行、假公報私，勒索暗殺」的流氓。

忠義服務隊完全是警總的單位，總隊長許德輝在呈軍統頭子保密局長毛人鳳的《台灣二二八事件反間工作報告書》中，詳述他在二月二十八日晚經軍統台灣站站長林頂立、陳儀之弟公銓引見陳儀，面准創立忠義服務隊應急制變的經過。

許德輝自陳他召集台北二十二處角頭流氓成立二十二分隊，加上特務隊三十名共二百五十人，他自己擔任總隊長，以台北市警察局第一分局爲總隊部。該隊經運作設於二二八處理委員會治安組之下，與不知情的台大及中學生共一千二百名，共同負起維護治安之責。

但忠義服務隊中的流氓實則在燒殺擄掠，燒毀外省人商店、毆打外省人，一方面造成民眾對處委會的懷疑，一面製造中央派兵鎮壓的藉口。

另外當時的警總參謀長柯遠芬也向中央社記者透露：「政府目前全力從事爭取民眾工作，如找可靠而有力量之台胞許德輝等，出來組織忠義服務隊，一方面希冀分散不法行動之台胞力量，一方面協助政府推進工作。」

而戴國煇在《愛憎二二八》中也說：「地痞流氓不良分子，……假借維持治安之名，結隊橫行，騷擾外省人家舍，公然搶劫，威脅良善市民商家。這些惡劣的行徑，又給國民政府中央製造了派兵鎮壓的藉口。」

每次我在與人探討一九四九年山東煙台聯中學生遭軍方強徵兵的「澎湖案」時，就有人稱呼本案爲「七一三事件」，或說是什麼「外省人的二二八」。

但回到當時的歷史情境，先父這樣山東籍的大學生，在台灣尚且無法復學被強徵爲兵，那些在澎湖的流亡中學生又豈能倖免？他們到了台灣又能有什麼升學或就業的管道？因此問題癥結還不是軍方拉伕，而是十二月十一日陳誠與彭孟緝將張敏之校長等七人，以誣攀的匪諜罪槍決。

因此依我之拙見，「一二一一的冤殺校長」，比「七一三的澎防部拉伕」更該紀念。同樣道理，大家把焦點鎖定在二二八，爭論究竟是官逼民反或族群衝突，不就中了馬英九的金蟬脫殼？

問題焦點應該是三月八日起國軍二十一師與憲四團這兩個殺人集團登台後，配合老蔣原本在台安插於各地的鷹犬，在全台各地展開的種族滅絕式清鄉。所以結論就是：「先別談二二八了，你聽過三八大屠殺嗎？」

新生
（二）
本省再度宣布戒嚴
完全為了保護同胞
國軍駐臺係為消滅叛徒
長官昨日播告本省同胞
警備總司令部
告民眾書
此後再有毀法亂紀行動
決予依法處理不稍游移
國軍來臺目的
在保國衛民
維護善良同胞生命財產
整編廿一師劉師長向臺胞廣播
市府暨所屬各單位
本日一律照常辦公

■1947年3月11日《台灣新生報》2版報導，長官公署宣布戒嚴，還宣稱國軍駐台是為了消滅叛徒與保護同胞，一場大屠殺就從此刻正式展開。

馬總統，二二八之外還有三七五

唉！二〇一五下半年，幸好有個更白目的條仔姊跳出來選總統，否則我們就只能看當今聖上整天扮演深宮怨婦。

九月二十五日早上，在教育部長吳思華陪同下，馬總統出席師鐸獎頒獎典禮。他說這是就任總統後連續第八次出席盛會，但說著說著這兩蔣時期的特務學生，又扯到了他最無知卻又最愛講的歷史教育。

馬總統認爲歷史教育應該就事論事、實事求是，不能違反常識或委屈事實，歷史事實和歷史觀點要分別看待，史觀難免主觀因人而異，但不能用觀點不同而掩蓋事實，日本在台灣五十年統治到底是不是殖民統治？國際社會早有定論，日本首相安倍已公開向殖民國家道歉，加害人都出來道歉，被害人還在美化，是違反常識、媚日。

馬總統又提到一八九五年日軍登陸台灣，有非常激烈戰鬥，軍人加民眾死亡超過十萬人，以此強調台灣加入抗日戰爭是史實。其實馬總統眞的是老了，鈍了也頑固了，這種「台灣人也抗日」的講史話題，三十多小時前的九月二十三日晚間，馬總統在文化部部長洪孟啓陪伴下，觀賞李崗監製的國片《阿罩霧風雲II—落子》時，就已經提到了。

電影結束後，馬總統致詞時提到自己是紅著眼眶、含淚看完的，他認爲李崗是用史詩的心情來拍這部電影，讓他感受霧峰林家經歷三個時代（清領、日治、中華民國在台灣），最後林獻堂因爲牽扯二二八事件，離開台灣避居日本。當有些人認爲，在台灣沒有抗日也沒有抗戰的時候，從該電影就可以了解，從一百二十年前乙未戰爭，台灣人前仆後繼抵抗日本侵略跟殖民，死傷慘烈。

除了抗日議題，馬英九也再度提到，他在擔任法務部長時期，奉命制定《二二八事件補償條例》，還有後來的白色恐怖補償，「不管實際上死傷人數多少，都是非常令人傷痛的歷史，但是政府願意在眞相出現後認錯、道歉、平反、恢復名譽、建碑並訂定國定假日，一連串行爲讓被冤屈的得到平反機會。」

•

其實馬英九也罷，甚至洪秀柱也一樣，他們至今還活在兩蔣爲他們畫地自限的框框裡，把歷史當成掌權者奴化下一代的洗腦工具，因此他們永遠不願靜下心來傾聽反課綱者的訴求。

「上帝不能改變歷史，但黨史會與國立編譯館可以」的時代已經過去了，一個強盜搶了一百元，被人贓俱獲後仍狡辯：「不然我退五十元給你，這不是很公平嗎？」馬英九對二二八的認識，仍在這種「強盜邏輯」裡。

台灣歷史學界難道沒有偏統的嗎？那麼爲何跳出來爲天朝課綱辯護的，都是王曉波、張亞中等這些根本不是專攻歷史的學者？更別提會有專攻台灣史的學者？因爲這不是統獨之爭，更不是各讓一步或各打五十大板就能鄉愿了事的。

我們反對的不是統派史觀，而是迎合當權者的天朝史觀，台灣人有沒有抗日與爲什麼抗日，這些歷史課題不是當權者自己胡亂解釋，小老百姓就必須等因奉此的。

歷史history就是故事，歷史系不見得會開《史記》或《左傳》的課，但中文系卻一定會開。學生也都愛聽故事，但爲什麼不愛學歷史？

因爲戒嚴時代的歷史課，只是用來政治洗腦，所以裡面的人物各個都活在雲端，那不只是因爲這些偉人都活在中國，台灣小孩沒感覺；更麻煩的是歷史課本裡的偉人都活在天龍國，所想、所言、所行都無法用人性去想像歸納。當權者只給結論，學生只能死背硬記，最後當然討厭歷史，更糟的是拒絕思考。

•

用人性來看，一八九五年日軍登台後，台北城內的「台灣民主國」早已官去樓空，清朝留下的兵勇四處劫掠，居民當然簞食壺漿恭迎日軍入內。

可是越往南下，武力抵抗就越激烈，因爲移民開墾荒地眞的很艱困，政權變換會影響他們的權益。而開墾丘陵地的客家村更辛苦，所以抗爭更激烈。

台灣先民對日本領台這種「南熱北冷」的抗爭，與今日陳雲林等「天朝欽差」來台時的遭遇不是一樣嗎？那些來抗議中國官員的民眾，不是爲了支持中華民國，就跟當年台灣民眾抗日不是爲了效忠大清或中華民國是一樣的道理。人性就是這樣，換了時空仍有一定規則。你我活在當時，大概也是相同的抉擇。

馬英九對於歷史的解釋，以及對歷史人物的人性觀察，總是僵化在自己的政治盤算裡。我們這些歐里桑已經世俗化了，爲了自己的政經利益，不會當面吐你總統的槽；但年輕人哪裡會守這些世俗的禮貌，你說的不合理，管你是總統、是博士，想吐槽就直接吐槽了。

•

馬英九把林獻堂的離台赴日，甚至終老異國解釋爲二二八事件所致，就是曲解史實與不解人性的荒謬範例。二二八事件發生在一九四七年，林獻堂爲了保護財政廳長嚴家淦，將他藏在霧峰林家大宅中，並以性命擔保，勸阻企圖圍毆加害嚴家淦的浪人。國軍登台清鄉屠戮後，林獻堂雖被列名「台省漢奸」，卻因此免去牢獄之災，還出任彰化銀行首任董事長。

到了一九四九年九月，林獻堂才以治療暈眩爲由離台，寓居東瀛至一九五六年九月八日病逝後歸葬台灣。如果林獻堂眞如馬英九所說，是爲了二二八才離台，爲什麼不在最危險的時候離開，會等到兩年後風平浪靜了才走？除非林獻堂的腦袋跟你馬英九一樣破洞進水了。

我們參看一九四九年《新生報》與林獻堂自己的《灌園先生日記》就能得知，一月五日陳誠擔任省主席後，發現國共內戰因土地政策造成的民心向背，就已積極推動土地改革；一月二十一日省府通過大戶餘糧限期出售辦法；二月一日陳誠兼任台灣省警備總司令與軍管區司令，擁有生殺大權。二月十日省府規定全年納賦一千五百公斤以上之業戶都要供出餘糧；二月十四日林獻堂向陳誠陳述己見但未獲回應。

到了二月二十六日，林獻堂又對陳誠奉上糧改建議書，不但未獲回應，陳誠還認爲台中縣長勾結地方士紳反抗政府，八仙山失火係台中人所爲，林獻堂有些害怕。因此三月十四日林獻堂遵照規定，將大戶餘糧約一萬斤交糧食局，但仍請糧食局修改收購大戶餘糧辦法。

三月二十五日陳誠自南京返台，林獻堂還在積極奔走減輕大戶負擔，陳誠已公告實施三七五減租，架空地主的土地所有權，直接向佃農課徵田賦。

爲了有效執行三七五減租政策，陳誠在五月二日至台中視察，召集縣市長與各界首長訓話稱：「外傳主委林獻堂首起違抗一節，純屬謠言，有意中傷，渠（他）且保證林氏擁護減租法案。」甚至還說：「刁鑽搗蛋不要臉的人也許有，但是我相信，不要命的人總不會有」。報載一位「有聲望的大地主」聽了之後，刻了二十個私章主動找了二十個佃農在租約上蓋章。有人揣測說這位地主就是林獻堂。

就如我老師李筱峰所說：「事實上，從三七五減租開始的台灣土地改革措施，從政府方面來說，可以說是值得大書特書的德政，因爲在土改之後，不但安定農民心理、提高農民地位，還改良耕地利用、改善農民生活，確實對於促進台灣農村的繁榮有著不可抹滅的貢獻。」但馬英九對國民黨的「德政」爲何閉口不談，反而要去揭國民黨的二二八瘡疤？

馬總統，學歷史眞的很重要，林獻堂抑鬱地離台，六年後客死東瀛，葉榮鐘所寫的《杖履追隨四十年》一書中，就已引述林獻堂的話，他是因「對於『三七五減租』，尤其是『收購大户餘糧』的政策，見解似乎未盡一致」，才會選擇離台赴日。

馬總統，請別忘記，二二八之外還有三七五啊！

阿罩霧風雲孵8年
李崗差點放棄 許明淳硬著頭皮

【記者項貽斐／專訪】以霧峰林家為題材的紀錄片「阿罩霧風雲」上下集，耗時8年研究、籌拍、製作，終於完成。回顧這段時日，監製李崗百感交集，就在50歲那年，因聽到霧峰林家200多年來精彩故事，於是一頭栽入。不但四處籌錢，還數度心力交瘁想放棄，但他也坦承，這8年是人生學習吸收最充實的日子。

「阿罩霧風雲」監製李崗(右)與導演許明淳(左)接受本報專訪。 記者余承翰／攝影

「阿罩霧風雲」以1895年簽訂馬關條約為分水嶺，分為上下集，製作時則各有難處。上集難在製作形式的拍攝摸索，下集因愈近的歷史愈難寫，又牽涉意識型態認同，劇本修了又修，最後因林家代表人物林獻堂喜好圍棋，選擇「落子」為副標題。李崗說，無論在清代、日治或民國，林家人都像當政者的棋子，但拉高視野，清廷、日本或民國政府又何嘗不是全球大時代下的棋子。

李崗拍「阿罩霧風雲」的過程由熱血投入到數度想放棄，但導演許明淳剛好相反，一開始就勸李崗別碰，因許明淳參與過公視台灣歷史紀錄片「打拚」，知道吃力不討好，後來決定接下導演工作，只好硬著頭皮每天說服自己可以完成。由於壓力太大，這幾年來，許明淳頭髮白了，夢裡都是林祖密、林獻堂。

「阿罩霧風雲II-落子」以林獻堂返回台灣為起點，直到他病逝日本回台安葬，期間穿插曾任國民革命軍閩南軍司令的林祖密和投身抗日又因共黨身分遭槍決的林正亨。為避免爭議，影片雖以全知觀點講述，但也在敘事時依附當事人的角度發言。

李崗說，在林家人物身上學習到由激進到溫和等不同的人生態度，但年紀愈大也愈像林獻堂，為顧全大局，懂得委曲求全、能屈能伸。日前課綱爭議沸沸揚揚，李崗希望「阿罩霧風雲II-落子」提供台灣歷史一個權威而不威權的呈現。

■2015年9月21日《聯合報》C4版報導，李崗監製的《阿罩霧風雲II—落子》費時8年才完成，但馬英九看了後卻認為這是「台灣人也抗日」。

蔡總統，唱國歌沒用的啦！

二〇一五年十月十日，改朝換代前的最後一次雙十國慶大會，未來的新主蔡英文，成了八年來第一個出席典禮的民進黨主席。典禮中她向國旗暨國父遺像行了三鞠躬禮；至於之前媒體關注的是否會唱國歌，蔡英文在日本受訪時，曾說自己屆時會唱國歌。另外在典禮前受訪時也說，希望這個議題從此不再是議題，也希望不論選舉進行到什麼程度，國家都能保持團結狀態。

從黨外時代到民進黨成立，綠營政客出席國家活動時，多半不唱國歌，或技巧性跳過前兩句「三民主義，吾黨所宗」不唱。四年前總統大選時，蔡英文在台南市政府廣場出席二〇一一年國慶升旗典禮時，也是遵循綠營的潛規則，到了第三句「以建民國」才開始跟唱。被媒體問到爲何前兩句不唱時？她的回答是「剛開始要暖身一下」。

台灣從白色恐怖至今，尤其是近來對岸越來越重卻也越來越細膩的打壓下，中華民國的國號與國旗，已被多數國人認同；但國歌裡因歌詞的「吾黨」兩字，還有很大的爭議。據二〇一三年十二月二十九日《自由時報》報導，一份民進黨內部的民調，已有百分之七十五的受訪民眾認同國旗，也有百分之六十七．五認同國號，但對於國歌卻只有百分之五十三．一的認同。

戰勝的國民黨很可怕，戰敗的國民黨更可怕。當蔡總統帶著二十八位民進黨從政黨員，在所謂的國慶大典高唱國歌時，我再次提醒蔡總統與民進黨諸君，請你們務必觀看《阿罩霧風雲II落子》去複習一下眞正的台灣史。馬總統已經看過，也發表了他自以爲是的看法，但即將上任的蔡總統，不要重蹈阿扁的覆轍，轉型正義的嚴肅課題，是任何當權者都不容迴避的。

•

《阿罩霧風雲II落子》裡最諷刺的一幕，就是一九四五年日本宣布向盟軍投降後，日治時代台灣金融界先驅陳炘，帶著一群台灣士紳，爲了迎接祖國，事先還練唱《中華民國國歌》。結果十六個月之後，陳炘被祖國憲警逮捕後槍決。

有些鄉民可能還不知陳炘是誰？日治時代在台中成立「台灣文藝聯盟」，發行《台灣文藝》的作家張深切，在其回憶錄《里程碑》裡就說：「陳炘彷彿是一位儒雅的書生，但他絕不文弱，而是一位偉大的領袖，深謀遠慮，有統馭群眾的才能，可謂台灣不世出之一偉人也。」

至於我的老師國北教台文所李筱峰教授，則是這樣介紹陳炘的：「一九二五年陳炘獲哥倫比亞大學碩士學位。當時，台灣沒幾人有這樣優秀的學歷。返台後陳炘致力於本土金融事業開拓，籌組一個『糾集台灣人的資金，以供台灣人利用』的金融機構。二戰終戰之初，有一次蔣介石問來自台灣的蔡培火，台灣有無人才？蔡回答，有兩人不能不知，一是林獻堂，一是陳炘，前者是台灣的象徵領袖，後者是金融人才。」

作家巫永福在受訪時甚至說到，戰後蔡培火到重慶見蔣介石時，「蔣介石曾問他『最能當台灣領導者的是誰？』，蔡培火說『老一輩的是林獻堂，但眞正的人才是陳炘，這個人有頭腦、有組織力，又有國際觀。』這件事是蔡培火親口告訴我的。我想陳炘被殺與此多少有些關聯。」

一八九三年生於台中大甲的陳炘，二歲時台灣因為甲午戰敗被清廷割讓給日本，七歲喪父，直到十三歲才入大甲公學校。因聰穎用功，跳級升班，三年後就從公學校畢業，考入台灣總督府國語學校（後改名台北師範學校）畢業後返大甲公學校任教，但服務年限未滿，即賠錢辭職，考入慶應大學理財科。這是陳炘學商之始，奠下他往金融界發展的基礎。

在東京留學時，陳炘成爲台灣留學生的領袖，於一九一八年被推爲「東京台灣青年會」會長。一九二〇年又組成「新民會」，推動「台灣議會設置請願運動」，並發行《台灣青年》。在創刊號上陳炘以古體漢文發表〈文學與職務〉，提倡台灣文學建設的重要性。

一九二五年陳炘獲哥倫比亞大學經研所碩士，返台後更致力於本土金融事業的開拓。他認爲要提升台灣人的地位，不僅要提升台灣人的文化，也要振興台灣的民族產業資本，才能在日本殖民統治下與日人一較長短。而且台灣人必須改變土地資本，走向商工資本發展，才可以和日本人分庭抗禮。因此他結合民族運動領袖林獻堂，創設大東信託，由林獻堂擔任董事長，陳炘出任總經理。

戰後陳炘籌組「歡迎國民政府籌備委員會」，熱烈迎接心目中的祖國，不料他卻受到從「祖國」來的陳儀政府的排擠。陳炘有感於江浙財團將壟斷台灣經濟，因此他糾集台灣本地資本，籌組了一個台灣本土企業，被陳儀視爲眼中釘，而於一九四六年三月被陳儀以「漢奸」罪名逮捕，所幸經過一個多月的偵訊，終告無罪開釋。

但大難不死，不見得有後福。翌年（一九四七）二二八事件爆發，陳儀藉機大整肅，這次陳炘就難逃厄運了。三月十一日清晨，正患有瘧疾而臥病在家的陳炘，被警憲人員帶走，一代金融先驅從此一去不回。

如同《阿罩霧風雲II落子》中這一幕，當陳炘帶著眾人練唱國歌時，旁白說：「三民主義，吾黨所宗。這個吾黨，是國民黨嗎？」蔡總統與綠營朋友們，你們眞以爲自己懂得那個「吾黨」嗎？唱國歌就能神功護體、刀槍不入嗎？

看看陳炘的下場，再看看阿扁的下場，唱國歌沒用的啦！

蔡唱國歌 跳針吾黨

周思宇、王正寧／台北報導

民進黨主席暨總統參選人蔡英文昨出席國慶大典，這也是馬政府上台後，民進黨主席第一次參加。典禮前對敏感的國歌問題，蔡英文賣關子說，「到時候就知道了。」唱國歌時，蔡英文也跟著唱，但整首歌卻刻意避開吾黨所宗的「吾黨」兩字。

比4年前 多唱6個字

綠營人士出席國家慶典時，鮮少開口唱國歌，或是技術性跳過「三民主義，吾黨所宗」兩句。蔡英文上次競選總統時，出席台南市政府2011年的國慶升旗典禮，唱國歌時也避開前兩句，從「以建民國」才開口，如今出新招跳過「吾黨」兩字，立下新的「英式」唱法。

外界也關切一旦民進黨執政，唱國歌避開「吾黨」兩字是否成慣例，甚至進一步修改國歌歌詞。對此，民進黨發言人王閔生受訪表示，蔡英文跳過「吾黨」不唱，是媒體從轉播畫面上推論，參加國慶一切順其自然，未有特別安排；至於是否修改歌詞，民進黨並無評論。

■2015年10月11日《中國時報》1版報導，蔡英文出席國慶大會，成了8年來第一位出席的民進黨主席。典禮中她有唱國歌，但跳過「吾黨」2字。

他父親功在黨國，玩個台灣女人算什麼？

二〇一四年十二月二十三日，已宣布投入苗栗立委補選的學運領袖陳爲廷，卻在獲得民進黨禮讓名額（放棄提名）後，擔心《壹周刊》隔日將刊出他的性騷擾前科，竟提前自爆過往的兩段「腥聞」，引發鄉民們在「誠實癡漢」與「變態色胚」這兩大陣營前纏鬥廝殺。

有鄉民以道德瑕疵爲由，要他退出立委補選；還修改「今天拆大埔，明天拆政府」的口號爲「今天摸胸脯，明天摸屁股」，並改編《島嶼天光》爲「島嶼春光」。但也有死忠粉絲認爲不以一眚掩大德，繼續挺他參選到底。

原來二〇一一年七月五日下午七時，陳爲廷自清大搭乘新竹客運往台北時，見鄰座身材標緻的楊姓女大生熟睡，色慾薰心下竟以左手揉捏楊女左乳得逞。楊女受害後大聲呼救，並打手機通知其母報警，見義勇爲的鄒姓司機，在下重慶北路交流道後不讓陳爲廷下車，扭交大同分局移送士林地檢署後，轉由案發地新竹地檢署偵辦。

檢方調查後卻以他沒有前科，素行尙佳，在寫下悔過書道歉，並繳交國庫一萬元後，逕行給予緩起訴處分。豈料翌年陳爲廷故技重施，又在夜店舞池觸摸女姓胸部。經清大性平會決議，進行心理諮商。

•

起初前柯辦與學運核心成員，不管是爲了江湖道義也好，基於利害權衡也罷，都還力挺他繼續參選，前柯辦發言人潘建志說：「和他雙親早逝有關」，前柯辦青年部主任陳宣諭說：「他眼神有溫度」，中研院副研究員黃國昌說：「選擇自己坦白是正確的態度」，戰友林飛帆也低調的說：「我們不是完人」；而王奕凱不但誇讚他是「誠實的癡漢」，洪崇晏甚至誇張的叫囂：「罵陳爲廷的閉嘴」。

不料二十五日峰迴路轉，這些媒體寵兒與陳爲廷一樣，瞬間全都雞嘴變鴨嘴。原來在PTT女版上已有鄉民潑文[1]，陳爲廷曾有五次以上性騷擾學運女志

1　即PO文。

工的惡行。

到了二十五日早上，八卦版又有網友kay242433潑文「我昨晚做了一個夢」，陳述自己的好姊妹在高中時，曾在捷運被一男子抓胸部，當下甩了他一巴掌，並留下他的學生證當證據才沒上警局。最近在整理房間時，才發現這張建中學生證上的人好眼熟，原來竟是陳爲廷。

爲了確認眞有其事，還貼了當年陳爲廷的建中學生證。之後媒體採訪到了受害女學生，證實確有其事；當晚陳爲廷召開記者會，道歉並宣布退選。

鄉民們應該認清一個事實，政黨也好，學運也罷，甚至宗教團體，只要是組織，必然就會有權力運作。在權力運作的過程中，「利益」永遠是大過於是非善惡的。

我們不用懷疑學運，也不用質疑大多數默默參與者的動機，但是對於檯面上那幾個，尤其是被媒體封爲領袖的少數頭頭，就絕對要適用檢核政客的同樣標準。因爲陳爲廷在公開場合多次性騷擾陌生女性，以及在學運期間公器私用的性騷擾女志工，問題核心還不在媒體渲染關注的桃色糾紛，而是權力的濫用。

例如昔日中國學運領袖，現任清大客座助理教授王丹就說：「如果陳爲廷犯過錯就沒有資格選立委的話，那麼大家就應當要吳育昇立即辭職，否則，這不就是雙重標準的僞善嗎？」這就是典型的混淆是非。

已經成年的吳育昇與孫仲瑜相約去薇閣上「體育課」，這是你情我願的婚外情，除了他老婆劉娟娟依法可以提告吳孫兩人妨害家庭，其他人都只能用道德苛責。但陳爲廷多次性騷擾陌生女性，是會讓受害女性造成心理陰影，這不僅是道德瑕疵，這在世界各國也都是犯法啊！

•

三十年前我的一個身高可當模特兒的女同學，只因在車上被癡漢襲胸，嚇得她日後始終駝背，如今已脊椎病變。因此性騷擾累犯的陳爲廷一定要退選的理由，不是太過旺盛的性慾，而是他不知節制的權力癖。

所以即使在大多學運核心成員一味護短下，沃草發起人之一柳林瑋就說：「如果性別議題沒辦法在這次的事件深入討論，這個事件就失去他最重要的價值了。」

而思路清晰的學運活躍分子張之豪，在臉書上的潑文更顯得是空谷絕音。他說道：

「會連續犯下性騷擾這樣的事情，代表著這個人對權力的宰制一事，對於強迫他人做他不想做的事（Steven Lukes 所謂的權力第一面向），沒有自覺，沒有意識，沒有自制。這事第一次發生時，也許在兩造都同意和解的情況下情有可原。但當它還被再犯時，我想，這孩子眞的需要幫助了。我還是能同情因爲特殊的背景，所成長出來的那樣的爲廷，就像我過去每次一樣。不過我確實覺得，他現在需要煩惱的，應該是就醫治療，而不是競選了。」

張之豪突破了盲點，陳爲廷的退選，不該只是媒體習慣渲染的桃色新聞，而是整個社會應該檢討的兩性與權力癖議題啊！很多被性侵與性騷擾的受害者，他們比家暴受害者還不幸的地方，就是在於社會大眾會質疑是不是她們衣著暴露？是不是言行放蕩？

在現行的社會結構下，擁有權力的男性，往往就像吃了春藥一般。資深一點的鄉民，對解嚴初期轟動一時的「功在黨國」案，應該還有些印象。

一九九三年三月，馬英九還擔任法務部長時，法務部所轄的調查局發生了一個大醜聞。在民權東路與新生北路口開「喜華士」柏青哥的電玩商人陳金盈（綽號馬沙），去酒店招待調查局四位官員時，因爲擔心自己酒量不濟，就找了他的李姓女祕書來擋酒。李女向來有四、五瓶洋酒的海量，不料被調查局官員帶來的朋友方姓商人下了藥，三杯後就神智不清。

陳金盈想帶自己的女祕書離開，卻被調查局官員王任謙勸阻，陳金盈一走，方姓商人在包廂裡直接對李女「就地正法」，酒店服務生看見了忙要勸阻，已有醉態的王任謙卻把服務生趕走，還說：「給我三分鐘，我來處理。」

本案爆發後一開始，調查局在壓力下移送本案到地檢署，卻不提方姓商人的名字，也不境管。

陳金盈一怒，由民進黨立委顏錦福與黃昭輝在立院開記者會，說王任謙比方姓商人更早一步強姦李女，而且事後還警告陳金盈：「他（方姓商人）的父親功在黨國，玩個台灣女人算什麼？」

「功在黨國」這句話一出，解嚴初期已無法強壓的省籍情結，立刻因此引爆，立委葉菊蘭甚至公開點名說方姓男子是蔣孝勇的妻舅，但也有媒體說方母否認他兒子涉案。

群情激憤下，檢調開始追查，但方姓男子已順利前往加拿大了，王任謙被判一年七個月，法務部長馬英九與調查局長吳東明向全國女性道歉。

但對媒體爆料，影射「功在黨國」的外戚，玩個台灣女人算什麼的這位電玩商人，下場卻比他的女祕書還慘。三年後一九九六年二二八前夕，陳金盈横死台北街頭。

如今二十一世紀也都過了十多年，但擁有權力者性侵與性騷擾的醜聞依然常見，新黨前立委馮滬祥、國民黨台南市議長李全教，之前也都有比陳爲廷更嚴重的「腥聞」。

到底還要再等多少年，擁有權力者才能受到節制，讓當年調查局官員所說：「他父親功在黨國，玩個台灣女人算什麼？」成爲眞正的歷史，我們還要努力再努力。

■1993年3月17日《中國時報》7版報導，調查局幹員包庇方敦泄，在KTV強姦電玩商陳金盈的秘書李女，還警告：「他父親功在黨國，玩個台灣女人算什麼？」

死了一個計程車司機以後

又到了三月二十九日青年節，因爲實行周休二日後，這一天不再放假，所以年輕的鄉民們，反而對這個屬於他們的節日無感。其實青年節雖是一九四九年由中國帶來，但老蔣流亡來台之前，也沒實施太久。

一九四三年三月二十九日，中國國民黨三民主義青年團召開第一次全國代表大會，認爲黃花崗烈士的事蹟更勝於五四運動，因此將這一天定爲青年節。一九四八年老蔣介石才頒布三二九這一天爲「革命先烈紀念日」。

原本青年節是紀念一九一九年五月四日，北京青年學生爲了抗議一戰結束後的巴黎和會，身爲協約國一員（戰勝國之一）的中國，主權卻遭列強肆意踐踏，竟把德國在山東的權益轉讓給日本，舉行了聲勢浩大的遊行示威，最後發展成爲以青年學生發起的學生運動。

但青年節挪到三二九那一天，原來的五四那一天怎麼辦？實施新的青年節還不到一年，一九五〇年五月四日在台灣成立了中國文藝協會，也呈請政府核定五月四日爲文藝節，因此文藝節又從三月二十七日搬到五月四日。

可是根據歷史，就算要紀念在廣州黃花崗起義而殉難的七十二烈士，起義當天是在一九一一年四月二十七日（農曆三月二十九日），青年節不定在四二七，卻改在三二九，根本就是台語俗諺「天公生迎媽祖」，胡搞瞎搞嘛！

不過對於我們這些經歷過戒嚴時代的資深青年們，在沒有網路的舊石器時代，接受政府允許媒體所發布的新聞，查證起來就困難多了，因此也訓練出我們這些資深鄉民，比今日年輕人更敏銳一點的嗅覺。糟糕！我好像《賭神》裡的新加坡賭王陳金城，說完「年輕人終究還是年輕人」，就該輸錢還要被抓去關了。

因此廢話少說，請看例證：

一九七七年十一月二十二日《聯合報》第三版報導，台北縣中和鄉[1]的張龍昌（二十八歲），十九日返回戶籍地桃園縣新屋鄉[2]投票，下午四時四十分許搭車北返，六時二十分抵達中壢市時，因交通壅塞，乘客全在中壢警分局對方的土地

1 二〇一〇年十二月二十五日起台北縣改制升格爲直轄市。

2 二〇一四年十二月二十五日後桃園縣改制升格爲直轄市。

銀行站下車。當中壢警分局失火時，他冒險衝入火場搶救一面國旗，帶著這面國旗返回中和鄉，送到中和分駐所，現由永和分局保管。

報導上說，「僅受過國小教育的張姓青年說，國旗代表國家，神聖無比，絕不能被焚。當火舌接近國旗，他滿腔熱血沸騰，才顧不得烈火去搶救它。」但所謂十一月十九日的中壢警分局「失火」，不就是民眾不滿國民黨作票而爆發的「中壢事件」嗎？

不得不佩服當年兩蔣豢養的鷹犬，可以把民眾抗議選舉舞弊，警察開槍射殺民眾，民眾又怒焚警局的中壢事件，簡化成只是「青年愛護國旗」的義行。這種「喪事當喜事辦」的本領，套用另一個在三十五年前的三二九青年節，一個自焚而死的中年計程車司機身上，就更加發人深省了。

•

一九八〇年三月三十日《聯合報》第三版，有一則〈計程車司機自焚，遺款三千捐給煤礦災變家屬〉的報導：

「五十歲的計程車司機朱文光，昨天上午在台北市仁愛路國父紀念館正門前的馬路邊，坐在車內引火自焚，當場被燒死在計程車後座上，自殺原因目前正由台北市警松山分局調查中。

警方說，自殺死亡的獨身計程車司機朱文光，目前寄居在一佛教法師的家中，平時憤世嫉俗，很看不慣社會的一些奢靡風氣。昨天上午十時左右，他將〇一一九三五八號草綠色計程車，開到國父紀念館正門前的馬路邊，盤膝坐在計程車後座上，然後自頭上澆灑汽油，引火自焚。

台北市警消防大隊據報，七分鐘內將火勢撲滅，但朱文光已當場被燒得只剩下一具骨骸。警方在現場人行道上找到兩封朱文光的遺書，但並沒有寫明自殺原因。一個信封內裝著三千元現款，指定捐給瑞芳永安煤礦災變家屬；另一個信封寫給他寄居的勝流法師，信封內裝著一大疊佛教勵人爲善的傳單。

據警方調查：朱文光一度在青草湖出家當和尚，目前寄居在台北市勝流法師家裡，在台北市安泰計程車行已開了四年的計程車，平時身體狀況很差。」

從這篇四平八穩報導裡，一個「平時憤世嫉俗」又「平時身體狀況很差」的計程車司機自焚，遺書又「沒有寫明自殺原因」，那就跟計程車壓死了一隻流浪狗差不多嗎？

但是鄉民們不要忽略，我們這些大叔大嬸年輕時沒有「孤狗」[3]，沒有「批踢踢」[4]，但我們有黨外雜誌啊！

雖然官方能掌控的媒體，只提到有遺書，但卻說「沒有寫明自殺原因」，可是黨外雜誌如《八十年代》之後就刊出，一九三二年出生於湖南的朱文光，就跟兩年後另一個去搶銀行的計程車司機李師科一樣，從對岸被拉伕來台。朱文光在軍中坐過黑牢，退役後在民間自生自滅。台美斷交後，他不但認為反攻無望，還認為台灣應該獨立。

原來在台灣還有比鄭南榕更早因主張台獨而自焚的外省人，雖然今日在台灣，年輕的鄉民們都可照著個人意願，放言高論要統要獨都隨你自由。但在三月二十九日這一天，我還是要在網路上PO一篇紀念老兵朱文光的短文，不是要探討早已臭酸的統獨問題，而是要追悼年輕時我們被兩蔣與其鷹犬所剝奪的言論自由。

3　指Google。
4　指PTT。

朱文光自焚前
曾寄出絕筆函
還俗和尚心路歷程
警方全力展開了解

〔本報訊〕引火自焚的計程車司機朱文光，死亡之前兩小時，寄出一封長達二千字的絕筆信，治安單位昨天全力展開了解。

據了解：朱文光的絕筆信共有四張信紙，精簡地說明他一生中的遭遇，其中包括他去當和尚及還俗的心路歷程，內容顯然對現狀有相當的不滿。

稍早，市警局督察長王秉玉曾表示：朱文光車內的一疊紙張上，書有不妥的文字。

朱文光是三月二十九日上午，在國父紀念館前的仁愛路上引火自焚，警方對此案極爲重視，市警局長胡務熙等多名高級警官，均親自趕往現場，進行了解。

竊失風被捕
假名意圖矇混
張秀華涉及兩項罪嫌

林婦在接受警方偵訊時，爲了推卸責任，矇混過關，涉嫌謊……結果經警方查證係屬虛構，致使林婦在竊盜罪之外，又加上了……

■1980年3月30日《中國時報》5版報導，50歲的計程車司機朱文光自焚前曾寫下遺書，但卻沒交代內容，只說其中「有不妥的文字」。

Part 4 軍事新頭殼

軍隊，必須有階級，要有比一般社會更嚴謹的階級。
但這是爲了領導統御，而不是人造的「天堂與地獄」。

五年級生還記得我們的小學國語課本裡的〈天堂與地獄〉嗎？

「天下常有同名同姓的人。台灣省有一個孩子，叫蘇小海，同時，江蘇省有一個孩子，也叫蘇小海。兩個蘇小海的年紀差不多，都在十一、二歲左右。但是，兩個孩子的命運完全不同：台灣省的蘇小海，生活在富足康樂的天地裡，江蘇省的蘇小海，卻不幸生活在匪偽政權的壓迫折磨之下。」

課本裡這樣介紹「江蘇省的蘇小海」居住環境：「這時候，江蘇正在下著傾盆大雨，那裡的蘇小海肚子痛，睡不著覺。大概是晚飯前喝生水，喝出來的毛病。他家沒有廁所，他們跟這條巷子十幾户人家，共同使用一間廁所。外面雨下得太大，他沒有辦法出門，就坐在母親事先準備好的木桶上，嘩啦嘩啦響了一陣。他的父母兄弟都在黑暗中皺著眉頭，捏緊了鼻子。」

那年代來自中國的編審老爺，想用這樣「有屎沒處拉」的方式，來介紹大陸苦難同胞的「地獄」生活。偏偏很多眷村的房子也沒廁所，必須去上公共廁所。但這還是有配到眷舍的幸運者，住在自行搭建的非列管眷村，或向本省人租屋的外省人更慘。

前監察院長王建煊說他小時候，父親沒配到眷村裡的房子，全家只好住在眷村外，結果晚上眷村竟把大門鎖上，村外的外省人連公共廁所都不能上。這種外省賤民的悲哀，才是現實版的「天堂與地獄」。

我們五年級生當兵時，郝柏村是參謀總長，整天帶著我們說要反共，如今去對岸高唱中國國歌。許歷農更誇張，他是總政戰部主任，不但是帶領我們反共的特務頭子，還是可以斷定誰是匪諜的生死判官兼劊子手；如今卻帶著當年兩蔣豢養的鷹犬將領，去找共產黨頭子攀親敘舊。國共之間的分分合合，跟台灣大多數小老百姓，根本八竿子打不著關係，但兩蔣卻用「反共」這個緊箍咒，榨乾了我們這一代人的青春。

當年竹籬笆內被恩蔭所庇者及其後代，今日或許含淚含血含屎含尿仍堅持奉旨投票；但我們這些竹籬笆外從來未沐「皇恩」的百分之八十五外省賤民們，還要被那些坐擁豪宅、賣台求榮的高級外省人玩弄多久呢？

敗將不知亡國恨，隔海猶唱義勇軍

唉！台灣的軍方也不知到底是受了什麼詛咒，二〇一三年七月才被洪仲丘事件搞到灰頭土臉，次年七月之前的黃埔校慶，一群老而不死的無恥軍頭，又搶著爭相赴對岸諂媚逢迎。但兩蔣當年提拔的軍頭，其無恥程度永遠不可能有最無恥，因爲總有更無恥的軍頭接下來會上台獻醜。

果然到了七月七日，中國當局爲了統戰，高規格舉辦七七抗戰七十七週年紀念日活動，由中共總書記習近平主持。習近平率領滿朝文武，高唱中國國歌〈義勇軍進行曲〉。同一時間，中國官媒也播出戒嚴時代台灣最大軍頭前「好杯杯[1]」在受訪時，清唱了一段〈義勇軍進行曲〉的畫面，引發台灣全島議論紛紛。

〈義勇軍進行曲〉被中國欽定爲國歌，但兩蔣一手栽培出來的好杯杯，卻認爲這只是抗戰歌曲。民進黨立委陳其邁痛批這根本就是「認賊作父」；當年好杯杯軍權在握時，小老百姓或阿兵哥「唱這首歌是要殺頭的」。高志鵬表示，「這些作爲，一定程度也是在幫郝龍斌未來總統夢做準備，對對岸釋放善意。」他只能用兩句詩形容：「敗將不知亡國恨，隔海猶唱義勇軍」。

•

戒嚴時代別說是公然演唱中國國歌〈義勇軍進行曲〉，連文革時期中國的「代國歌」〈東方紅〉，都是台灣禁歌排行榜第一頁內的曲目。一九七四年十一月二十四日，是國民黨建黨八十週年紀念日，台視公司特別製作了特別節目。沒想到背景音樂裡，竟然出現了〈東方紅〉。

其實那次老蔣駕崩前，台視播放的「僞國歌」事件，只是因爲台視公司剛從國外進口了一批背景音樂唱片，沒有詞只有曲；而那位姓楊的音效人員也是活該倒楣，他一聽這歌曲雄壯威武，偏偏戒嚴時代的台灣人又從未聽過「僞國歌」，就自作主張用在國民黨建黨八十週年的慶祝節目裡。

在國民黨的黨慶上播出「僞國歌」，當然是震驚大內，瞬間島內平日豢養多時的鷹犬盡出。這姓楊的事發之後哪裡去了，也就無人知曉了。但「僞國歌」事

1 鄉民用語，指郝柏村。

件發生，台灣民眾的反應有兩種。本省人與年輕的外省人，不曾見過眞正的共產黨，人人都是聾子不怕槍砲，瞎子不怕虎狼，依舊能吃能睡。但像先父那一輩的外省人，卻回憶起一九四九年鼎革之前的人間悲劇。

當時中國各大都會中的國軍都已潰敗，逃兵四竄進城姦淫擄掠，共產黨的特務與支持者滿街貼標語、搞爆破，左派學生聚眾跳著扭秧歌，〈義勇軍進行曲〉四處可聞。老蔣的特務還在做最後的整肅，當街被槍斃的可疑分子暴屍街頭，眞是地獄重現。

如今台灣好像又回到那時，國運不順時，連電視台裡的「匪諜」都敢公然「表態」了。還好只是虛驚一場，純粹鬧劇，讓鷹犬們有點事打發時間而已。

•

好杯杯這樣的軍頭，會幹出這種親痛仇快的蠢事，我們這些一九八〇年代初期在外島服役過的小兵們，一點也不感到奇怪。武大郎養夜貓子，什麼人就玩什麼鳥；小蔣會如此百萬中挑一，欽點出這樣的貨色來執掌軍權，也能看出兩蔣的視人之「瞑」。

二〇一四年二月初，台北市政府發言人張其強證實，市長郝龍斌長女郝漢祥將於二月十日在台北完婚，郝龍斌也在今日市政會議發送喜糖，讓北市所有局處首長分享他的喜訊。很多人可能會對「郝漢祥」這個不是很女性化的名字感到陌生，但若提起她的小名「小寶」，讀過好杯杯那兩大本從書架上掉下來會讓人腦震盪的日記，大家就會有點印象了。

一九八三年十一月十八日，好杯杯的日記裡寫到，赴新加坡慶祝星光案十周年「由於帶小寶來，心情特別愉快。」一九八五年十一月赴美洽談軍購，也帶孫女小寶同行。當然，在國軍這支向來是兩蔣看家護院的武裝團體裡，上位者公私不分，是由來已久的陋習。

姑且不要說什麼公器私用，無論民主國家還是專制國家，當官的（尤其是大官）總該還要有點「朝儀」吧？一個大將軍去軍隊巡視，甚至奉命出國洽公，身邊卻帶個五歲不到的小孫女，就像歐巴桑帶孫女去市場買菜，這種簡直是惡搞的畫面能看嗎？

沒錯，好杯杯當年日記裡提到的小寶，固然也是乖巧早熟，但無論如何大將軍出門，甚至在部屬與外賓面前帶個小孫子，你要部屬，甚至其他國家的官員，就算因爲權勢與面子而嘴裡不說，但心中對你這個國家與這支軍隊還能有一絲敬意嗎？

其實這現象也充分反映，小蔣晚年已經昏聵，以致鷹犬敢鬧出林義雄家滅門案與陳文成命案，無論對三軍與對情治系統，早已無能爲力。好杯杯這種帶著小孫女治軍的荒唐行徑，兩蔣豢養多年的鷹犬應該也不敢不回報，但小蔣卻放任這位行徑乖張的大將軍久任一職，也難怪蔣氏王朝無法傳到第三代。

當然啦！國軍將領若都是挑好杯杯這種貨色，視察部隊就像歐巴桑帶小孫女上市場，日後就算要像南韓、南越的將領那樣搞軍事政變，部屬與老美也絕不屑也不敢支持，或許這就是兩蔣治軍，專挑好杯杯這種歐巴桑來掌權的本意吧！敗將不知亡國恨，隔海猶唱義勇軍；嗚呼哀哉，尙饗。

唱中國國歌 郝柏村挨轟

兒緩頰「抗戰歌」 綠委批「要殺頭」

【綜合報導】中國官方「中央電視台」前天在新聞節目中播出我行政院前院長郝柏村日前在台灣訪問內容，談到對日抗戰時期流行歌曲，郝舉中國國歌《義勇軍進行曲》為例，還應記者要求唱出：「起來，不願做奴隸的人們，把我們的血肉築成我們新的長城。」此舉引發綠委不滿，抨擊郝若在兩蔣時代，「唱這首歌是要被殺頭的！」

「為兒鋪總統路」

央視前天播出的郝柏村專訪內容中，央視記者問郝記得哪些抗戰歌曲，郝回答說：「最流行的歌，比方說《義勇軍進行曲》我們都會唱。」記者追問「您現在還會唱嗎？」郝回答說：「我現在還會唱啊！」隨後便清唱兩句歌詞內容。

綠委高志鵬昨批，不相信郝柏村在當參謀總長、行政院長時敢唱《義勇軍進行曲》，此舉應是為他兒子、台北市長郝龍斌鋪陳總統路，向對岸釋出善意。

高志鵬還改編唐朝詩人杜牧《泊秦淮》後兩句嘲諷郝是「敗將不知亡國恨，隔海猶唱義勇軍！」綠委陳其邁也批，郝柏村若在兩蔣主政的戒嚴時期，「唱這首歌是要殺頭的！」

行政院前院長謝長廷昨也批，《義勇軍進行曲》現在是中國國歌，郝柏村不能強辯說是當年抗戰歌曲，此舉不僅背叛歷史，更背棄自己過去的信仰和台灣人民期待。

郝柏村之子、台北市長郝龍斌昨則為父親辯解說，《義勇軍進行曲》是抗戰歌曲，每個人都有他的自由與判斷，也有歌曲是兩岸皆傳唱，「《茉莉花》、《長城謠》也是兩邊都唱啊！」

源頭為國軍軍歌

中華民族團結協會理事長夏瀛洲昨說，《義勇軍進行曲》曾是國民革命軍第五軍第二〇〇師的軍歌，後來被中國共產黨當作國歌，但源頭是國軍軍歌是不爭的事實，若有人藉此惡意批評郝柏村，根本是小題大做。

■央視前天播出郝柏村專訪，郝應記者要求清唱抗戰歌曲《義勇軍進行曲》，因該曲現為中國國歌，引發爭議。 翻攝央視

■2014年7月9日《蘋果日報》9版報導，中國官媒播出郝柏村在受訪時，清唱了一段〈義勇軍進行曲〉的畫面，引發台灣全島議論紛紛。

高級外省人的溫良恭儉讓

許多鄉民都在感慨，政治素人（應該說是政治怪人）柯P上任台北市長不到半年，就揭開了十六年來前朝政府很多見不得人的弊案。但揭弊算不得什麼真正的功勞，因爲國民黨的貪腐早已人盡皆知；柯P的功勞是在揭弊過程中，讓這些從戒嚴時代就被兩蔣鷹犬媒體美化洗腦，在台面上永遠溫良恭儉讓的「官二代」，用郭冠英的說法就是「高級外省人」，終於也露出了眞面目。原來潑婦罵街這種「奧步」，並非我們鄉民的專利。

爲了大巨蛋案、台北文創案等所謂台北市五大弊案，前後任市長透過媒體隔空槓上。前市長郝龍斌十二日接受TVBS《少康戰情室》節目訪問時，當主持人趙少康「餵」球給他澄清五大BOT案時砲火全開，批評柯P上任後提不出太多政績，只好用打弊案來從事政治鬥爭，打壓前市府團隊來墊高自己。

郝龍斌說這幾個案子都有一個標準模式，就是柯P先透過廉政委員、市政顧問放出消息給媒體，甚至柯P自己講一些奇奇怪怪的話，例如說「怪怪的」、

「合法不合理」，然後就開始圍剿，接著就跟廠商來密室協商。如果能在既有基礎之上爭取更好權益，他樂觀其成，但柯P是用政治手段、打壓前朝，獲取政治利益，「這是我完全不能認同的」。郝龍斌也解釋所謂的五大弊案，每個案子都被司法單位調查過，並沒有什麼特別的地方。

郝龍斌接著質疑柯P能否替他廉政委員會中的委員，在對外發言與媒體上陳述背書？不然就是在背後放暗箭的小人。當市長要敢說、敢做、敢當，但是他現在看柯文哲是敢說、敢做、不敢當。

郝龍斌也強調自己任內的廉政肅貪中心，在政風處下也有請外面的委員，而且都有各方面專業，任何一個市府內或外面檢舉的案子，都由專業委員調查，包括路平專案、藥品採購等，調查後在廉政會報提出，他可以完全背書。

趙少康接著「餵」球再問：「柯P是故意的嗎？」郝龍斌說：「他故意的」；「要不然其實很簡單講，他就是一個用廉政委員會所有的成員來放話、來做打手，他自己躲在後面放暗箭、放冷箭的一個小人」；「如果這些事情他都說他不知道，他躲在後面，這跟所謂的『俗辣』有什麼兩樣？」

•

有種畜牲急了就跳牆，這是該種生物的天性。戒嚴時代兩蔣身邊豢養的「俗辣」「打手」「小人」，靠著黨國體制的餘蔭，把自己那些在特權中長大的兒子，裝扮成溫良恭儉讓的高級外省人，藉以跟愚民教育下的外省賤民有所區隔。他們爲官二代在仕途中的扶搖直上瞎掰出來的理由，就是這些官二代們，個個溫良恭儉讓，個個具備儒生風範、將相氣度。

然而一旦改朝換代，東窗事發在即，前些時候馬英九不裝溫良恭儉讓了，如今郝龍斌也不裝將相氣度了，從趙少康與郝龍斌這段一搭一唱的相聲裡，充斥著「俗辣」「打手」「小人」之類的民間語言，就可見這些官二代原來與你我魯蛇們也沒什麼不同。也難怪節目播出後，他立即在臉書上發文說，原本希望自己可以用理性、平和來談論這四個月來的心情；但一想到這段時間諸多荒謬操弄，「我的心情還是沒控制好。唉，要爲今天在節目上的情緒跟大家道歉。」

其實郝龍斌根本不用爲這些「俗辣」「打手」「小人」的用語道歉，你老爸去年大選時不是連「漢奸」都說過了嗎？我還必須感謝你們父子倆，在情急之下說出來的眞心話，讓我們鄉民認清台灣的悲情歷史。

戰後至今七十年了，在台灣民間，你要找到一個完全沒有本省外省通過婚的家族，確實也不容易；因此，我們不必區分任何官員的祖上籍貫。但即使解嚴二十多年了，這些出自大內的高級外省人，仍借屍還魂依附在國民黨這宮廷體制下。大家要永遠記得一個歷史事實：高級外省人在外省人中也是少數中的少數，絕大多數的外省賤民來台灣是逃難，但高級外省人來台灣卻只是搬家而已。

「高級外省人」這一名詞雖出自郭冠英，但他眞的算不上高級外省人。而且最重要的是：如今審核高級外省人的標準，用的不該是階級，而是心態。

•

以當過綠朝的官，再回鍋進藍營的郝龍斌爲例，二〇〇九年五月九日母親節前夕，台北市「愛的光譜，微笑進駐」母愛影像徵文比賽，頒獎典禮在市長官邸藝文沙龍舉行，他頒獎時說了一段自己與母親的親情故事。

「我父親常嫉妒我與母親的親密感情，這確實是事實。因爲我從小生在一個軍人家庭，父親長期在金門前線，母親把我帶大。記得八二三炮戰時，我家住在新店鄉下，每隔幾天母親就帶著我們坐公車到台北看傷亡名單。牽著母親的手，我能感受到她的緊張與害怕。當時我就發誓，長大後要照顧母親，不讓她再擔心害怕。」

拜託一下郝龍斌，你老爸在一九五八年的砲戰時，已經是將軍，還是小金門的師長，更是第一線的指揮官，最重要的是你的媽媽郭婉華，是國防部長郭寄嶠的姪女。你老爸當時萬一戰死，軍方有可能不通知你們家嗎？

郝龍斌把外省賤民悲哀，馬革裹屍後家人也只能在傷亡名單裡尋尋覓覓的悲哀，乾坤大挪移到你們錦衣玉食的家裡，這種大將軍冒充老芋伯的鬼話，竟也能絲毫臉不紅、氣不喘的講出來，真不知是該佩服他的無知，還是驚訝他的無恥。

溫良恭儉讓，唉！從「水母」（指馬英九）到「好乒乓」（指郝龍斌），已經裝模作樣十六年的台北市，終於有圖窮匕見的一刻。原來官二代與魯蛇們，竟是如此的相似。我們這種被大將軍兒子移花接木去當「認老芋伯作父」的外省賤民們，也就只能乖乖認命了。

針鋒相對

國民黨副主席郝龍斌（右圖，季志翔攝），12日在政論節目重炮回擊台北市長柯文哲（左圖，郭吉銓攝），處理大巨蛋與台北文創等案的不當舉措。

躲在廉委會背後搞鬥爭

柯追打5大弊 郝痛批「豎仔」

楊毅／台北報導

柯市府強力追打大巨蛋、台北文創等「5大弊案」，引發與前朝激烈對槓。前台北市長郝龍斌昨罕見動怒，痛批台北市長柯文哲上任以來，市政沒有進展，唯一做事就是炒作新聞、政治鬥爭，若柯無法替廉政委員背書、負責，「就是小人、豎仔！」

郝龍斌昨午接受TVBS《少康戰情室》節目專訪，談到柯市府列舉的「5大弊案」，一向給人「好好先生」印象的他，難得動氣，兩度以「豎仔」（台語，形容癟三）痛批柯文哲，指柯是躲在廉委會背後的小人。

他表示，柯文哲上任以來，市政沒有進展，唯一看到柯做的事情，就是炒作新聞、政治鬥爭，藉打壓前朝抬高自己的知名度。柯不做對市民有利的事，反倒是每天拿5個案子輪流打，不斷轉移焦點，但市民眼睛是雪亮的，「我相信他弄不久」。

郝龍斌說，廉委會調查的每一案，檢調都已調查過，柯卻仍透過廉委會放話給媒體，陳述內部消息，打擊、抹黑過去市府團隊。柯身為廉委會召集人，必須對委員發言完全背書、負責，否則就是藉此委員放話、當打手，根本是躲在後面放冷箭的小人、豎仔。

他質疑，如果當初市府和廠商訂的合約不好，柯能透過合法手段處理，「我個人被他侮辱一下沒關係」。但柯卻提不出具體方式，廉政委員連什麼是BOT、設定地上權都搞不清楚；柯不是故意抹黑，就是躲在後面裝傻說不知道，「這跟豎仔有什麼兩樣？」

郝龍斌說，柯文哲處理台北文創的作法，違反BOT精神，如果富邦和誠品無法處理，市府就應解約、重新招標，對市民才是最好的，而非密室協商，或動輒稱要由市府買回，屆時北市債務將暴增2、3倍，多達2、3000億元，市府能負擔嗎？

郝情緒激動地說，男子漢大丈夫要敢說敢做敢當，柯卻是「敢說敢做不敢當」，常用片面資訊透過媒體和廉委會放話汙衊，「到底弊案在哪？如果柯文哲覺得我有圖利廠商，就站出來說！」

■2015年5月13日《中國時報》4版報導，郝龍斌針對柯文哲上任後追把5大弊案，在談話性節目上痛批柯文哲是「豎仔（俗辣）」、「打手」與「小人」。

郝龍斌才應正視歷史

距離二〇一五年七月十九日國民黨召開全代會，提名總統候選人的日子逐漸逼近，「條仔姊選總統」的鬧劇也就越演越誇張。不知是編劇太天才，還是演員擅自加戲，條仔姊超勁爆的「王金平若下屆要再回到立院，唯一辦法是參選區域立委」；「若訪美規格沒有比蔡英文高，幹嘛要去？」；「課綱微調調得不夠」到「一中同表」等言論，不斷引發藍營內部反彈。直到「不能說中華民國存在」，終於搞到連眷村老杯杯都「凍未條」[1]了。

爲了替條仔姊的失言（其實明明就是她的眞言）消毒，七月五日國民黨在慶祝抗戰勝利七十周年活動時，特別邀她出席致詞。條仔姊兩度提到中華民國的存在，還說「沒有先烈用生命抵擋侵略與暴行，用鮮血捍衛國家尊嚴，哪來的抗戰勝利？哪有中華民國的延續？又哪有今日台灣的民主自由與安定？」爲了穩住眷村基本盤，其他權貴子弟出身的「九趴馬」、「砂石朱」、「連爺爺」與「好兵兵」[2]等人，也都列席慶賀。

然而不怕神一樣的對手，就怕豬一樣的隊友，條仔姊比愛國同心會還激烈的言論，已經把總統大選提前結束了；再找黨內那些不食人間煙火的高級外省人來提油滅火，或許她心裡想的是連落選都還嫌票太多了。

舉個例子來說，《聯合晚報》七月四日由記者蔡佩芳、李光儀報導的〈郝批柯「意識形態扭曲歷史」〉，又延續去年大選連爺爺與好杯杯的「皇民說」。

「郝龍斌說，不能否認台灣原來是殖民地，因爲抗戰勝利才回到中華民國懷抱，台灣人民的地位才由二等公民改變過來。許多台灣人與大陸上的人一起抗戰，光復那一刻，台灣人歡欣鼓舞歡迎國民政府軍隊到台灣，只可惜當時的國民黨不爭氣、沒有做好，但不能否認光復那一刻，民眾是高興的。

郝龍斌說，很多人質疑光復只是被另一個政府殖民，兩者完全不相等。如日本人殖民時推動皇民化，僅限少數有地位有財產的人，必須改日本姓、燒毀祖宗牌位、改信奉神道教；或許有些台灣人對國民黨不滿意，但國民黨沒有摧毀大家

---

1 鄉民用語，台語「受不了」的諧音。

2 鄉民用語，指馬英九、朱立倫、連戰與郝龍斌。

原來的文化、沒有逼人改姓，在一般日常生活中沒有不平等待遇，大家同受教育，只要考試成績優異升學不受限制。」

好兵兵要宣揚當年兩蔣奴化教育裡那些歷史課本的荒謬內容，那是他的言論自由。但有些人不說話，你只知道他無恥，聽了他說的話，才會證明他還無知。二戰期間日本對殖民地台灣實行的本島人「改名」是「許可制」，不但沒有強迫性質，想改日本姓還有資格限制，例如必須是國語常用家庭，因此只有柯文哲、李登輝等這些父母要當日本公教人員，或是林挺生、辜振甫等這些要與日本官方做生意的少數家庭。

簡單說，日本領台末期所搞的皇民化運動，真正得以改姓的家庭不過百分之二而已；但一九四五年老蔣才真的針對原住民惡搞出「逼人改姓」與「摧毀大家原來的文化」，好兵兵喜歡鬼扯歷史，就請鄉民們看一下這兩個例子。

•

第一個例子是「李光輝」。一九七四年十一月，印尼駐摩羅泰島（Morotai）空軍中尉蘇巴迪據村民報案，深山裡有個「野人」，就在十二月十六日率領了十一人的搜索隊，經過三十小時的跋涉，於十八日在深山裡發現一間簡陋草房，屋外有個裸體男人正持刀劈柴，他雖然有日式三八式步槍卻沒抵抗。透過翻譯才知他是日軍二兵中村輝夫，從一九四四年十一月與部隊失聯後逃進叢林，就在這裡獨自生活了三十年，根本不知道二戰已經結束的消息。

然而中村輝夫雖是二戰時的皇軍，卻不是來自日本，而是台灣的阿美族原住民，原名史尼育唔，出生於台東縣成功鎮都歷部落，八歲就讀都歷公學校，不但品學兼優，且擅長相撲和棒球，曾代表台東廳來台北比賽，被譽爲最佳捕手。一九四三年十月奉召入營，編入「高砂義勇隊」，接受短期訓練後，被調往印尼參戰。但如今台灣已不是日本領土，史尼育唔該被遣返到日本？還是老蔣統治下的中華民國？立刻成爲難題。

日本與印尼政府交涉後，對於史尼育唔要回日本或台灣，尊重他個人意願。一九七五年一月八日，史尼育唔自印尼首都雅加達搭機抵達台北松山機場，一月九日返回他闊別三十一年的老家台東。當年他奉召入伍時，家中有父親拉瓦、母親尼卡魯，另外還有四兄三姊，如今只剩六十八歲的大姊賴全妹與六十歲的三姊林生妹還在人世。

爲何史尼育唔的大姊與三姊都被改成漢名，而且一個姓賴，另一個姓陳呢？原來老蔣在台灣強迫原住民改名，就由戶政人員亂塡，以致一家人有好幾種不同姓氏。史尼育唔雖然在戶籍上是死人，但他的日本姓名「中村輝夫」也被改爲「李光輝」，他的妻子「中村良子」被改爲「李蘭英」。

•

老蔣爲原住民的亂改姓名，連戶籍上已經死亡的都不放過，「李光輝」的例子以外，魏德聖導演的《賽德克．巴萊》，劇中描述的霧社事件，被老蔣改名的事例更讓人噴飯。

霧社事件裡起義抗暴的乙種巡察花岡一郎與警手花岡二郎，兩人並不是兄弟，也不是日本人。一郎本名拉其斯．諾敏（Dakis Nomin），二郎本名拉其斯．那威（Dakis Nawi），他們都是荷歌社的原住民，因爲從小聰慧，公學校畢業後，主管「理蕃」事務的能高郡警察課，保送他們進埔里小學高等科。荷歌社位於高海拔山區，春天時緋櫻（山櫻花）盛開，在熱帶的台灣是少見的景象，日本老師就以「花岡」爲他們的姓氏。

一郎與二郎是日本當局「理蕃」政策下的「樣板」，尤其是一郎，他還不是頭目之子，但成績優異，連劍道與柔道都很好，證明日式教育的成功。一九二五年（大正十四年）入台中師範就讀，畢業後擔任霧社分社乙種巡察，都被當局與媒體大肆吹噓。

乙種巡察其實並不負責治安，而是擔任教師。由於他日語流利，所以也是日本人類學者的得力助手。至於二郎在小學高等科畢業後擔任的「警手」，就是警局裡的雜役。

日本的「理蕃」政策不只是栽培原住民男性而已。一郎的妻子川野花子原名娥賓．那威（Opin Nawi），二郎的妻子高山初子原名娥賓．塔達歐（Opin Dado），她們是表姊妹，都出身荷歌社的頭目家庭，因爲聰慧過人，被送到埔里小學高等科就讀。一九二九年（昭和四年）八月，高郡警察課命令花子和初子輟學，十月二十七日「南鎮神祭」（台灣神社祭典）時與一郎、二郎結爲夫妻。

霧社事件剛爆發時，整個霧社山區被原住民控制，對外交通和信息全部中斷，「霧社皆亡」的音訊傳遍台灣各地，連日本中央政府也非常震驚。因爲一來霧社原本是日本理蕃政策的示範區，教育、醫療等措施好過其他漢人居住的村落，甚至超過國內，但原住民竟然用「滅族」的手段來對抗。

二來事件爆發後，外界隔了一天才知道，以致日本人死傷慘重。但警局的電話線卻一直都是暢通的，為何沒有通報？（莫那並不笨，如果切斷霧社對外的聯絡，附近軍警一定立刻來查線。）

台灣總督府與台中州廳的官員原本認為，這些「未開化蕃」不可能發動如此完美的攻擊，讓當地日人完全被殺，就推論一定受過「撫育」的花岡一郎、二郎兩人，控制電話線二人不讓消息外洩，即使不是首魁，最少也是共謀。報紙的「號外」刊出後，日本人都憤憤不平地指責花岡兩人「忘恩負義」，也反對懷柔教化式的「理蕃」政策。

但是到了十一月十二日，更震撼的消息從濁水溪畔的軍警傳來。一郎與花子著日式和服，還有剛滿月的嬰兒幸男，一家三口成「川形」淌在血泊中。經過檢驗，一郎先殺了花子、幸男自己再切腹。二郎則穿著賽德克勇士裝在樹上自縊，其他二十具花岡兩人家族的上吊屍體，結實纍纍地把大樹的樹枝幾乎折斷。

一郎與二郎壯烈的自殺方式和淒美的死姿，再次震驚了日本當局，更撼動台島的各方人士。因為一郎的「武士道」死法，是一種謝罪的方式，也是一種義理。爲了族人他必須與日本對抗，但他確實也受過日本當局與師長極大的恩寵，所以他用切腹的方式還報他的上司與師長。而二郎及其家族選用原住民的自殺方式：上吊，集體自縊的照片也被日人尊崇不已。讚美聲從日本內地和全島各地傳來，也讓日本軍警在征剿行動上受到「節制」。

二郎的妻子初子，當時已經懷孕，後來生下二郎的遺腹子花岡初男（阿威・拉其斯）七個月後，在日警安排下，再嫁小她三歲的荷歌社青年中山清（畢荷・瓦歷斯）。一九四五年八月，日本天皇「玉音放送」，台灣重歸「祖國」懷抱，原住民莫名其妙的又換了一批主子，歷史又要重新被改寫。霧社的日本人殉難紀念碑被拆毀，改立一塊抗日紀念碑。

•

老蔣一九六九年批示要將日治時期以武力對抗的抗日分子也送進忠烈祠，於是莫那魯道與花岡一郎兩人，就這樣與福佬人簡大獅、柯鐵、余清芳、羅俊，還有客家人吳湯興、徐驤、羅福星等人，成了中華民國的「烈士」。

至於當年日本的殖民把戲，老蔣當然更要發揚光大。於是中山清被改名成

「高永清」，初子被改名「高彩雲」，初男則被改名「高光華」。最可笑的是改活人也就算了，老蔣是連死人都要改。

莫那魯道的女兒馬紅莫那，被改名爲「張秀妹」後，一九七〇年內政部明令表揚莫那魯道的褒揚令這樣寫著：「查南投縣民莫那奴道（即張老）於日據時期領導本鄉霧社山胞起義抗敵……」（請見二〇九頁圖）。

莫那魯道是爲了他自己的「祖靈」去對抗日本，不是爲了中國去對抗日本，他一定無法搞懂自己爲何死後變成了「張老」。日本改原住民的名字之前要教育十多年，但老蔣卻不必花半點力氣，就可以從花岡三郎、四郎、五郎……一路改到N郎。

唉！要玩改名「遊戲」，小日本哪裡是我們大中國的對手？好乒乓要比較歷史上日本與老蔣怎樣強逼台灣人改名，請看一下以上這兩個例子吧！

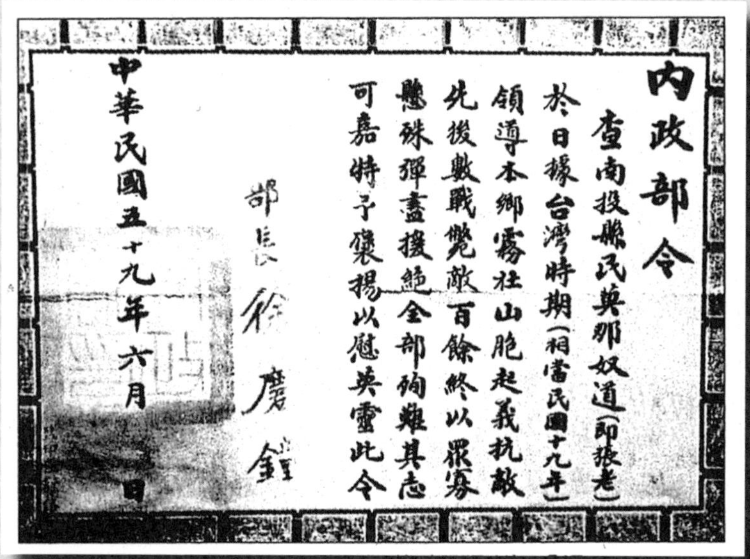
內政部令
查南投縣民莫那奴道（即張老）
於日據台灣時期（相當民國十九年）
領導本鄉霧社山胞起義抗敵
先後數戰殲敵百餘終以眾寡
懸殊彈盡援絕全部殉難其志
可嘉特予褒揚以慰英靈此令
部長 徐慶鐘
中華民國五十九年六月 日

■1970年內政部明令表揚莫那魯道的褒揚令，不僅稱為莫那「奴」道，還將他改為漢名「張老」，國民黨為台灣人亂改名的狀況，比日治時期更誇張。

年輕時的郝龍斌爲何不爽郝柏村？

二〇一六總統大選，國民黨在朱、王、吳三個A咖爾虞我詐下，最後莫名其妙的玉碎瓦全，條仔姊領了軍旗出征。但海內外一片看衰，連同黨立委的選情也被拖累；在藍軍一路轉進，綠軍追趕不及的窘困下，終於有了個句點。

二〇一五年七月二十八日中午，國民黨舉行立委提名作業小組會議，副主席好乒乒以百分之四十五的支持度通過初選，將在次日送交中常會正式提名，出戰基隆。好乒乒也說：「基隆是個好地方，請大家幫忙留意房地產，未來深耕基隆，爲基隆服務。」

雖然眾所皆知，好乒乒與馬水母[1]、連阿舍[2]一樣，都是政壇裡的靠爸族。但尚未從政前的好乒乒，思想比軍頭老爸正常多了，也沒今天這種嘴臉。好杯杯一九八九年四月十六日就在日記裡寫著：「靖兒由於接觸黨外雜誌，無形中對於余有誤解，包括余對三軍事務的處理。以甘裕郎遣返，他就附合黨外分子的論調……」

一九八九年早已解嚴，民進黨都成立三年多了，好杯杯仍與《聯合報》一樣，不承認這個叛亂團體。至於好杯杯筆下的「靖兒」，當然不是射鵰英雄郭大俠，而是因爲好兵兵本名郝海靖，但好杯杯堅持長子要延續郝家傳統，按輩分第二字要用「龍」字，才改名爲郝龍斌。至於日記裡提到讓郝家父子反目的「甘裕郎遣返」事件，又是解嚴初期轟動一時的離奇故事。

•

一九八九年三月二十九日上午，在澎湖的無人島姑婆嶼附近海域作業的漁民，發現島上的違建小木屋中，有一身穿灰色夾克、打紅色領帶、穿黑褲、黃色塑膠鞋的可疑男子出入，即向海防單位報告。

海防單位派小艇會同白沙派出所警員登陸，將這名貌似大陸漁民的男子帶回馬公偵訊。但這人卻供稱自己是高雄市人，名叫甘裕郎，一九三九年出生於台南

1 二〇一三年五月馬英九接見帛琉外賓時，表示帛琉的水母對觀光客十分友善，「貴國一定對這些水母下過不少的功夫」，此番言論遭到網友諷刺，「馬總統與水母的共通性就是『無腦、很軟、手有毒』」。

2 本是尊稱舍人，但加了「阿」有紈褲子弟、敗家少爺之意。通常前面加姓或名，某阿舍。

縣佳里鎮，一九六一年在金門的大膽島十九師五十七團一營二連擔任二等兵。

至於甘裕郎爲何會出現在澎湖的無人島上，他供稱在一九六一年八月三十一日凌晨二時，站衛兵時因打瞌睡，被趁颱風夜摸黑上岸的共軍水鬼擄去對岸，遭下放勞改多年後獲釋，在福建省平潭縣定居，娶妻後育有一子（十三歲）、一女（十二歲）。

他在窯廠工作，每月工資僅有人民幣七十元，生活甚苦，又思念台灣的家人，一直想返鄉探望，所以在三月十八日搭中國漁船偷渡，卻遭人蛇集團欺騙，在海上航行十天後被丟在澎湖的無人島上，上岸後不到一天就被捕。

但軍方並不相信這段供述，因他身上也沒有任何證件可證明他是甘裕郎。雖然他供稱有個住在高雄市三民區的大妹甘碧珠，卻又說不出詳細地址。況且當時十九師五十七團並無第一營，應爲七、八、九營；查證後確定有一名失蹤的二兵甘裕郎，但失蹤日期是七月三日，並非八月三十一日。

尤其是他供稱先前已和在台灣的家人通信，並寄全家福照片，他的家人大可到福建平潭與他相會，也可透過在台家人向政府申請返台定居，無偷渡入境必要，所以懷疑這名男子可能是冒充的「甘裕郎」，準備自行「處理」。

幸好神通廣大的記者，已先在高雄找到了甘裕郎的家人。他在家中八兄弟裡排行第四，上有一兄、二姊，下有二弟二妹，而他的父母、兄嫂與大姊夫都已去世，他的二姊甘秀菊與大妹甘碧珠，聚集在大姊甘彩蘭高雄市鹽埕區家中，看著發黃的老相片，甘碧珠說：

「二哥在金門服役時，我讀鹽埕區忠孝國小六年級，因爲兄姊在日據時代沒讀過書，父母指定我代筆給二哥寫信，原本一個月固定一封，但到了七月就沒了訊息，軍方也有派人來家中調查，後來就宣布『失蹤』。當家人眼見一起當兵的鄰居紛紛退伍還鄉，就向區公所兵役課要人，他們卻又說二哥是『渡海叛逃』。」

軍方把這名偷渡客關在澎湖營區，調出當年入伍檔案的指紋，雖確認了他就是甘裕郎後，卻還是認爲他當年是渡海叛逃。因爲根據經驗，水鬼摸哨少有帶走活口的，都是刺殺哨兵後，割了耳朵作爲領功的「證據」。甘裕郎供稱是因打瞌睡被兩個水鬼擄走，背他游泳到一個小島，但辦案人員問他有無反抗？如何背負游泳等情節時，他就含糊其詞，無法清楚地交代。

軍方認爲甘裕郎當時只是剛入伍的二兵，對共軍並無特殊利用價值，就算被擄去也沒硬留下來的必要。況且通常共軍對被俘卻堅決不降的國軍官兵，在審問或勞改後大多設法遣返，以利用其作宣傳並減少本身的麻煩。

例如一九六九年五月二十六日被黃天明用教練機[3]帶往大陸投共的空官學生朱京蓉，一九五八年十月十日在空戰中被擊落的軍刀機駕駛張迺軍，都因不願變節而被中共用漁船祕密遣返金門。可見甘裕郎即使是眞的是被「擄」走，當時他本人希望返台的意願顯然也不高，不是叛逃，也算變節。

•

甘裕郎當年失蹤究竟是他自稱的被擄，還是軍方所說的叛逃，他當年的同袍也說法不一。根據四月三日《聯合報》七版的報導，與甘裕郎同是陸軍二三八梯次入伍，並編在同一連的高雄陳先生指出，當年他在連部，甘裕郎在步兵班，失蹤現場僅留有槍械、彈藥及鋼盔。約二十天後，他聽到中共心戰喊話廣播，指甘裕郎已「投誠」，還把部隊的番號、幹部姓名，全說得一清二楚，令當時連上的弟兄將信將疑。

不過，由於當天的天氣惡劣，大膽島與福建省雖僅是一水之隔，但海中暗潮洶湧，除非深諳水性，否則游不到對岸。因此當時連上的弟兄，大部分認為被水鬼擄走的可能性較大。

另一位當年與甘裕郎同一排但不同班的洪先生表示，由於兩人同是來自高雄的充員兵[4]，彼此很有話說。在他的記憶裡，甘裕郎個性開朗，失蹤前情緒並沒有任何異樣，因此連上弟兄對失蹤感到奇怪。

連上幹部起先不願告訴甘裕郎的家人他失蹤的消息，還找一位筆跡與他酷似的同袍冒寫家書，經過一段不算短的時間才通知他的家人。而甘裕郎失前一天晚上，連上衛兵曾在碉堡外看到一個黑影，幹部研判可能有水鬼混上岸，曾叮嚀衛兵要提高警覺，不料第二天甘裕郎就失蹤，因此當時有人懷疑他是被「摸走」。不過沒人目睹，也無法肯定。

但與甘裕郎同營不同連的王文和則指出，甘裕郎失蹤前一天曾遭班長體罰，以致情緒不穩，第二天站衛兵後就告失蹤，因此當時營上有些軍官認為甘裕郎叛

3 訓練飛行員從最初級的飛行技術，到能夠單獨飛行與完成指定工作的特殊機種。

4 服義務兵的士兵。

逃成分較高。而記者蔡政諺電話訪問當年甘裕郎的連指導員（就是連輔導長）譚寶琦，他則認為目前正由軍方處理，不願作任何表示。

•

兩天後《聯合報》七版又有後續報導，在中壢市從事果菜批發生意的袁汝起（六十歲），昨天主動打電話告訴警方，他在一九六一年政戰學校結業後，奉派到金門大膽島擔任十九師二〇七團一營二連政戰幹事，一直到一九七三年才以上尉政戰官身分退伍。

甘裕郎是第八班的二等兵，由於全連被調往大膽島支援三營加強防務。袁汝起負責福利社，甘裕郎只有小學程度，人很老實，常去買酒、雜貨等，因而對他印象深刻。

一九六一年七月三日清晨，接班的哨兵發現碉堡的門未鎖，甘裕郎也不見了。後來發現他的鋼盔掉在碉堡內地上，槍靠在牆壁，一隻鞋掉在碉堡機槍口外下面，另一隻則掉在海邊。由當時的大膽島指揮官、營長、營輔導長、連長宛忠霖及連輔導長譚寶琦等人開會研究，七天後向上級報告甘裕郎失蹤，後來甘裕郎在大陸喊話，改向上級報告他叛逃。

但甘裕郎只是二等兵，台灣又有母親、姊妹，他又未觸犯軍法，沒理由叛逃；而大膽島海域礁石很多，海流呈漩渦式，游過去很難。另外，當時對岸反常地猛轟宣傳單，根據經驗這是掩護蛙人游到金門附近無人小島，再伺機行動的跡象，所以當時大部分的人都只是懷疑他失職被水鬼摸去了。

甘裕郎當年究竟是被俘，還是叛逃，差別很大。如果被俘後未變節，軍方還應補發給他被俘期間的薪餉。但若是叛逃，依陸海空軍刑法第七十九條：「投敵者處死刑。」

不過依刑法第八十條第一款規定，死刑的追訴時效爲二十年。即使甘裕郎失蹤後第二年，高雄市團管區曾函市兵役處指甘裕郎是「渡海叛逃」的說法屬實，依刑法第八十三條追訴時效要延長四分之一爲二十五年，但甘裕郎一九八九年來澎湖時，距離一九六一年已二十八年，早就過了延長的追訴時效。

•

雖然甘裕郎在台灣還有戶籍，但軍方卻在一個月後，媒體不再追蹤時，祕密的把甘裕郎當成大陸偷渡客，以漁船遣返到平潭。他因曠職一個月，回去後不但工作丟了，還被兇悍的妻子毒打了一頓，成爲當地人的笑談。

隔年六月，導演林清介向龍祥公司提出新片《兩岸不是人》企畫案，準備把甘裕郎的眞實事件搬上銀幕。男主角就是當時剛出道，日後卻走紅的藝人郭子乾。可惜後來電影因故沒拍成，甘裕郎的故事也就沒人再關心了。

年輕時的好乒乓，因爲尚未從政，所以良心未泯，對父親的所作所爲也有不滿；然而進了政壇，也就與其父一模一樣，甚至等而下之。如今我也老了，怎樣不變成年輕時自己討厭的那種人，也就成了我要時時提醒自己的事了。

打瞌睡 誰知遇上水鬼

甘裕郎 踏上彼岸泥土

金門服役時被擄走？ 查證說法諸多不符

甘裕郎少年時期的留影，兄姐們一直珍藏保存。（鄧靖馨寄）

【記者陳景清澎湖報導】在澎湖海域「姑婆嶼」無人島上被軍方查獲大陸漁民甘裕郎，雖表示他於五十年在金門服役時，被中共擄走，日前計劃偷渡返台，但有關單位查證部隊番號不對，其他另有各項疑點，刻深入追查中。

據了解：現年五十一歲甘裕郎，是本月廿九日被軍方發現藏匿在澎湖「姑婆嶼」無人島的小木屋內，帶回偵訊。

甘裕郎供稱：他原爲國軍第十九師五十七團一營第二連的二等兵，民國五十年八月卅日在金門服役時，因站衛兵打瞌睡而被趁黑上岸的中共水鬼擄走。

隨後，中共將他下放勞改，恢復自由後即在福建平潭縣定居，且已結婚生子，但一直很想念在台灣的家人，本月十八日隨漁船出海，經過十天航行，廿九日抵達「姑婆嶼」，上岸時被發現逮捕。

他說，他父母已過世，有六個兄弟姐妹，其中有一個妹妹叫甘碧珠，可能住在高雄市三民區，廿八年來一直想回台灣，卻苦無機會，只有利用漁船偷渡。

軍方對他的供詞表示懷疑，經查證十九師五十七團並無第一營的番號。至於以前是否有名爲甘裕郎戰士被列爲陣亡，還須查證。

此外，一名過去曾在金門多次服務的老兵表示，民國五十年間中共水鬼摸哨時，通常刺殺衛兵割取如耳朵等信物後回去，除非抓重要人物否則很少要活口，更不論甘裕郎只是二等兵，抓著人質游泳回去可不是容易的事。

【記者陳景清澎湖報導】甘裕郎偷渡到澎湖無人島之後，其住在高雄的妹妹曾接獲來自澎湖的電話，要她準備五萬元，送到吉貝島，這些電話可能與走私、偷渡集團有關。

忽聞老四行蹤 全家欣喜若狂

多年等待過去 心情急切難安

【本報記者鄧靖馨、朱紹凱專訪】卅年前在金門服役時失去音訊的高雄市民甘裕郎，日前突搭乘漁船在澎湖姑婆嶼出現，對身在高雄市的甘家兄弟姐妹而言，是既興奮又焦急的消息，急切的希望能夠趕快看到朝思暮想的親人。

甘裕郎在家中八個兄弟姐妹中排行第四，上有大姐、大哥及二姐，下有二個弟弟與二個妹妹，都已成家立業，而今父母及大哥、大嫂、大姐夫卻不幸亡故。

大姐甘彩蘭、二姐甘秀菊和大妹甘碧珠，卅一日傍晚齊聚在大姐鹽埕區的家中，翻閱著珍藏多年已發黃的照片，回憶當年失去手足的境遇。

大妹甘碧珠說，民國五十年，二哥甘裕郎在金門服役，她當時就讀鹽埕區忠孝國小六年級，因爲上面的兄姐在日據時代沒讀什麼書，所以父母都指定由她代筆給二哥寫信。

二哥在金門每週都固定寫一封信回家報平安，但是當年七月以後，卻像斷了線的風箏，再也沒有消息回來。

經家人向附近鄰居同樣在金門服役的人打聽，隱約的回音是說，二哥在七月三日凌晨二點到四點的站崗中不見了，而當夜是颱風天，有的說是逃跑了，有的說可能是被共匪的水鬼摸走了，詳細情況不清楚。

家中爲了求證，不斷的寫信給二哥的班長、連長追消息，後來軍方派了長官到公園路的家裡來「家庭訪問」，並問二哥有沒有回來，卻沒有做任何其他說明，最後軍方來了一紙通知，宣佈甘裕郎「失蹤」。

到去年，政府開放大陸探親，也給甘家帶來希望，一位探親回來的朋友說，好像聽說甘裕郎還活著，住在福州。

這項消息引起了大家的關心，於是託大姊的一位朋友回福建探親之便，攜帶一張甘裕郎早年的照片幫忙尋找，沒想到眞的在福州市找到了。

如今，突然聽說甘裕郎竟搭船到了澎湖，甘家姊妹認爲，甘裕郎一定是按捺不住內心激動的鄉情與親情而來，她們急切的希望能夠看到睽別卅年的親人，一洗過去的冤屈，同時又擔心二哥留在大陸的親人是否會遭到差別待遇，血濃於水的親情關懷，充分在此中顯現，令人感動。

大陸妹 誰來管

協調後先安置靖盧招待所

【宜蘭訊】宜蘭地區警備單位一度拒絕「代管」大陸妹王群麗，警方亦視爲燙手山芋，事經警政署長羅張與警備總部高階人員協調，王女始於卅日深夜被送往「靖盧」大陸人民接待中心。

來自海南島的王群麗卅日在南方澳港畔曝光，經警方帶回偵訊偷渡情形之後，蘇澳警分局依慣例要移送警備單位接手，惟宜蘭警備分區人員表示不便接受，一度使警方不知如何處置。

據了解，當初警備單位不願接手的理由有三：㈠王女偷渡上岸在民宅居住已三月，與靖盧接待中心過去所安置之大陸人民情況不同。㈡王群麗並非硬行闖關漁船上之漁民，也非警備巡邏艇取締留置者。㈢王女不是初上岸時就由軍方查獲，「身分」較特殊，軍方是否插足尙待斟酌。

據指出，蘇澳警方移送王女計畫被打回票後，對其去留安置問題曾傷透腦筋。宜蘭警察局長余玉堂據報後，立即向警政署長羅張報告，由羅署長與警備總部高階人員協商。

■1989年4月1日《中國時報》5版報導，台南人甘裕郎1961年在金門服役時失蹤，28年後回台時宣稱當年他是被俘，但不被軍方採信而強行送回中國。

比黑寡婦更黑的軍宅教母

多年前我們一群沉迷於懷舊的中年大叔們，在一個叫後備軍友俱樂部的網路聊天室裡，暢談年輕服役時的酸甜苦辣。之後有人提議大家整天在網路上哈拉，何不現身來搞個網聚？當時我們就稱這種全台各地軍事宅男輪流定期舉辦的網聚叫「軍宅大會」。

沒想到國民黨就是能創造奇蹟，如今連「軍宅」這名詞都被他們霸占了。大選前百日換了個條仔姊，大選前七七又推出了專門炒作軍眷住宅的副座。現在講到「軍宅」，沒人會想到我們這些歐里桑，而是那個比彰化地院判頂新黑心油無罪的「人權法官」還懂人權，當年也自稱是「人權律師」的軍宅教母。

大選前四十九天，二〇一五年十一月二九日《蘋果日報》報導，國民黨總統候選人朱立倫，晚間赴彰化爲爭取連任的黨籍立委鄭汝芬站台時，也不忘爲深陷軍宅風暴的副手王如玄拉一把，強調：「王如玄是彰化和美人，就讀彰化市民生國小、陽明國中，鄉親要給彰化女兒一個機會，呼籲支持者總動員，四十八天後勝利成功是我們的！」

國軍老舊眷村改建條例原本是國家照顧軍人的「德政」，但立法之初就有高度爭議。當年因國家財力短絀，無法大量興建眷舍，以致竹籬笆外有更多「化外之民」。配到老舊眷舍的當年就得到福利了，退伍後仍可繼續居住，身故後配偶及子女還能繼承，這對「散居榮民」何等不公？國庫廉售這些軍宅給特定人士，歷年來已賠了數百億公帑。但為了照顧榮民，這些弊端也就暫且不議。

根據國軍老舊眷村改建條例第二十四條第一項規定：「由主管機關配售之住宅，除依法繼承者外，承購人自產權登記之日起未滿五年，不得自行將住宅及基地出售、出典、贈與或交換。」為了讓老兵至少在五年內有遮風避雨的地方，眷改條例對軍宅有五年條款的限制。

但軍方負責軍宅業務的海蟑螂，串通民間仲介充當白手套，多年來大鑽法律漏洞，利用老兵的輕率與無社會經驗，以「預定買賣契約」等方法，在五年禁售期間，低價騙走老兵的房產。王如玄究竟買了又賣了幾間軍宅，宣布參選時就該一次說清楚。但不知是買賣太多已記不清了？還是真有見不得光的內情？她讓媒體「擠牙膏」式的爆料，從一戶、三戶到六戶，不知要到何時才有確定數字？

之前因某些政客或媒體的操弄，許多因結婚而入境定居的中國女性，被污名化為「黑寡婦」。黑寡婦是一種熱帶地區帶有強烈神經毒素的蜘蛛，牠們以各種昆蟲為食。當獵物被纏在牠們所結的網上時，就迅速用堅韌的網包裹獵物，再刺穿獵物並注入毒素，等十分鐘後獵物的掙扎都停止了再食用。這種蜘蛛最大的特徵，就是在交配後，雌性往往會像對待獵物那樣，殺死並吃掉雄性。

•

從台灣史來看，騙婚坑殺老兵的「黑寡婦」，絕不是這幾年才出現的，更非中國移民首創。一九五四年六月十九日清晨，台中市北區旱溪發現一具男屍，死者是鄧敏忠（二十九歲，廣東梅縣人），去年十二月因逃兵被捕，判刑一年，執行半年後，六月十八日才剛假釋出獄。由於當初向軍方告密的就是他的妻子黃水月（二十三歲），因此警方將她列為兇嫌。

結果調查後果然證實，黃水月婚前就與鄰居朱城（三十六歲）通姦，他們發現鄰居鄧敏忠是攜款潛逃，就密謀由黃水月向鄧敏忠示好，進而結婚。鄧敏忠入獄後兩人霸占其財產，雙宿雙飛半年，黃水月懷孕後，兩人更計畫謀財害命，由黃水月寫信到獄中，約鄧敏忠返家前先去旱溪，就以大鐵管將其擊昏，再合力用巨石重擊至死。

•

不過鄧敏忠雖被謀害，但起碼還跟黃水月過了一年有名也有實的夫妻生活，死得還不算最冤。一九六八年九月十八日凌晨，嘉義市警局接到公明路上的宏興大旅社櫃台女中（服務生）的報案電話，指稱昨晚在嘉義山仔頂服役的通訊連排長韋久勝，與自稱是他未婚妻的曾淑花（十七歲），兩人登記投宿於三〇號客房。到了清晨，曾淑花來櫃台請他代爲報案，說她在房內與未婚夫行了二次周公之禮後，未婚夫竟因氣喘病發而忽然暴斃。

由於韋久勝年過四十，沒有家屬，於是警方通知軍方領回屍體。韋久勝服役的單位不疑有他，就派人將遺體領回，準備火化後寄存。但驗屍的檢察官發現曾淑花年紀雖輕，穿著與言行卻有風塵味，且與韋久勝年齡相差甚多，語言又不通，心中就暗自起疑。勘驗後果然發現，韋久勝是死於氰酸鉀。

原來曾淑花自十五歲起，就以「明珠」或「娟娟」等花名在屏東、高雄與板橋等地的私娼寮接客。回故鄉竹山鎮後又在當地人林進騰（四十二歲）經營的私娼寮續操淫業。他們發現年過四十卻依舊單身的通訊排排長韋久勝，就與媒婆黃門、姘夫林清弼四人共謀詐騙，僞稱曾淑花爲良家婦女，安排她與韋久勝相親成婚。再以氫化鉀謊稱春藥，將韋久勝毒殺。

•

台灣眞正最恐怖的「黑寡婦」，要算是一九六七年蕉園雙屍命案的兇手朱冬梅（二十四歲）。因爲與她同謀殺害無辜中國老兵的共犯，根本不是什麼姦夫，而是父親兄弟。兩個素不相識的中國老兵趙錫貴（四十八歲）與沈虎臣（四十二歲），只是因爲想「婚」了頭，中了朱冬梅一家所設下的美人計。

一九六六年十一月十七日，高雄縣杉林鄉的警員查戶口時，發現住在通仙巷四十七號，以開墾山坡地種植樹薯的退伍老兵沈虎臣失蹤了，經鄰居證實已失蹤一個月以上了。無巧不巧的，兩個月前高雄縣內門鄉的警員查戶口時，發現住在永富村種植樹薯的老兵趙錫貴也失蹤一個月以上了。

這種無家無眷的在台老兵，都是老蔣當年自中國撤退時拉伕而來，如今年邁已無利用價值，就將他們在台灣各荒山野地「放生」，還美其名為「拓荒實邊」，這些統治者眼中的喪家之犬，失蹤了幾個通常也不會有人關心。

幸好高雄縣警方發覺到這兩位老兵相繼失蹤大有疑問，於是調閱檔案資料，赫然發現這兩位素不相識的老兵，卻都在旗山鎮的廣福派出所有過報案紀錄，而且兩人控告以「結婚」為餌來詐財的人竟然相同，都是家住旗山鎮南昌街一號的朱冬梅，還有她的哥哥朱炳輝（二十八歲）與弟弟朱澄輝（十七歲）。

警方調查後才發現，趙錫貴一九六五年八月自軍中退役後，到屏東縣里港鄉土庫村經營農場，僱用了朱炳輝、朱澄輝與朱冬梅三人。由於趙錫貴年近半百、成家心切，朱炳輝就以妹妹為餌，把趙錫貴的積蓄一萬二千元榨乾。三兄妹再轉往杉林鄉另一退伍老兵沈虎臣的農場工作，故技重施又詐騙了一萬三千元。派出所警員找來了朱氏兄妹與鄰居（也是媒人）的宋順唐調解，但朱冬梅最後還是嫁給了台南人趙書聲。

沈虎臣脾氣暴躁，多次攜帶手榴彈到朱家門口叫罵，揚言要炸燬朱家，鄰人大感恐慌，也要求朱家趕緊出面解決。朱清霖於是派遣未成年的兒子朱澄輝出面安撫，謊稱其姊朱冬梅是在家人不知情的情況下與人私奔，他們會退還聘金與歸還所有借款。但現在香蕉尚未收成，現金不足，稍緩一段時間後將連本帶利的歸還。沈虎臣聽說當時香蕉價錢很好，旗山這裡有許多農民都因此一夕暴富，就再次聽信了朱家人的花言巧語。

警方前往朱家搜索時，發現朱家附近香蕉園裡的一座獨立草寮，地板雖經大力刷洗，但狼犬仍能聞出有人血反應，於是逮捕了朱澄輝，而朱炳輝早已逃逸。警方偵訊朱澄輝時，他坦承原本他們並無殺人之意，但宋順唐警告這些老兵要找槍械與手榴彈都不難，如果不先下手爲強，恐怕會全家遭殃，因此才萌殺機。先在香蕉園裡挖好了洞穴，等兩人先後來朱家討債時，再用鐵鍬及木棍合力重擊至死，用麻袋包裹，抬往早上挖好的深坑埋下。

從戒嚴時代台灣女性串通姦夫或兄弟，用騙婚來坑殺的「黑寡婦」行徑來看，與今日跨省籍的海蟑螂集團成員，這些年來哄騙老兵在五年閉鎖期內賣掉軍宅，不也都是「黑寡婦」在坑殺老兵嗎？

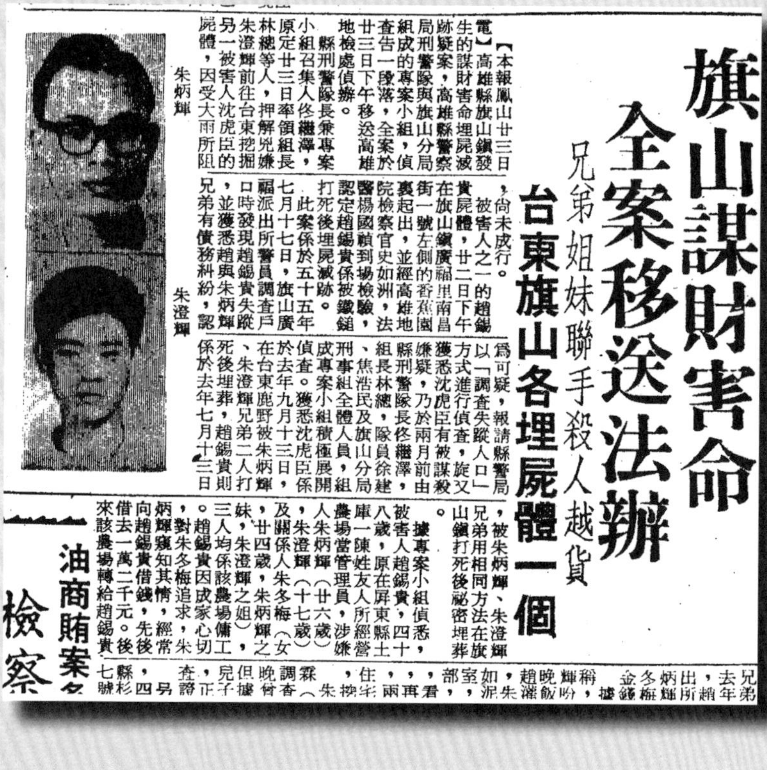

旗山謀財害命 全案移送法辦

兄弟姐妹聯手殺人越貨

台東旗山各埋屍體一個

【本報鳳山廿三日電】高雄縣旗山鎮發生的謀財害命埋屍滅跡疑案，高雄縣警察局刑警隊與旗山分局組成的專案小組，偵查告一段落，全案於廿三日下午移送高雄地檢處偵辦。

縣刑警隊長兼專案小組召集人佟繼澤，原定廿三日率領組長林總等人，押解兇嫌朱澄輝前往台東挖掘另一被害人沈虎臣的屍體，因受大雨所阻，尚未成行。

被害人之一的趙錫貴屍體，廿二日下午在旗山鎮廣福里南昌街一號左側的香蕉園裏起出，並經高雄地院檢察官史如洲，法醫楊國禎到場檢驗，認定趙錫貴係被鐵鎚打死後埋屍滅跡。

此案係於五十五年七月十七日，旗山廣福派出所警員調查戶口時發現趙錫貴失蹤，並獲悉趙與朱炳輝兄弟有債務糾紛，認為可疑，報請縣警局以「調查失蹤人口」方式進行偵查，旋又獲悉沈虎臣有被謀殺嫌疑，乃於兩月前由縣刑警隊長佟繼澤、組長林總，隊員徐建、焦浩民及旗山分局刑事組全體人員，組成專案小組積極展開偵查。獲悉沈虎臣係於去年九月十三日，在台東鹿野被朱炳輝、朱澄輝兄弟二人打死後埋葬，趙錫貴則係於去年七月十三日，被朱炳輝、朱澄輝兄弟用相同方法在旗山鎮打死後祕密埋葬。

據專案小組偵悉，被害人趙錫貴，四十八歲，原在屏東縣土庫一陳姓友人所經營農場當管理員，涉嫌人朱炳輝（廿六歲），朱澄輝（十七歲）及關係人朱多梅（女，廿四歲，朱炳輝之妹，朱澄輝之姐）三人均係該農場傭工。趙錫貴因成家心切，對朱多梅追求，朱炳輝窺知其情，經常向趙錫貴借錢，先後借去一萬二千元。後來該農場轉給趙錫貴

朱炳輝

朱澄輝

油商賄案

檢察

■1967年5月24日《聯合報》3版報導，旗山蕉園雙屍命案兇手朱冬梅（24歲）與父兄同謀，以詐婚殺害2名老兵謀財，典型的「黑寡婦」。

老兵屍體被狗啃，上將強占上億宅

軍宅爭議在幾星期之後，即使九天玄女[1]出來宣布買的不是十九戶，僅有十二戶，甚至抄襲電影《鹿鼎記》裡多隆對韋小寶的抄家報告，宣稱要捐出一千三百八十萬，風波仍難止息。

軍宅是政府挖了個了數千億的「錢坑」，以低於造價的金額配售給特定人士。當初來台的外省軍人，只有百分之十五不到的能被兩蔣「恩蔭」，免租金住了幾十年，現在不用付錢或付不到百分之二十就能住進電梯大廈，連當事人死後配偶子女也都還有資格配售，在我們這些竹籬笆外的外省賤民看來，皇恩爲何總是如此浩蕩？

軍宅是民脂民膏，是外省賤民擔當罵名，高級外省人分贓的證物，拿來當商業市場上的投資標的就已經夠扯了。九天玄女還是國軍官兵權益保護委員會委員，同床顯然異夢，不知身邊女人投資買賣什麼的床頭人，還擔任榮民榮眷基金會監察人，眞的是「養狗啃自己屍體」。但這就是外省賤民的宿命，讓我們來看看三個老兵與幾個上將的剪報。

•

第一則：一九九七年十一月十四日《聯合報》〈單身榮民死亡，家犬啃屍充饑。忠狗護主諷刺版，噬肉食骨血淋淋〉：

「單身榮民安居在桃園縣大溪鎮住處死亡，前天晚上被探訪的友人發現；安居飼養的三隻狗不但未護主，反啃食主人屍體充飢，殘肉露骨，慘不忍睹。檢方已前往相驗，認爲安居是心臟衰竭死亡超過一周。

警方調查，安居（七十二歲）單身住在大溪鎮中新里中庄新村，二月間左小腿被堆高機撞斷鋸掉，僅偶爾出門散步。前天晚上七時許，中壢市友人范揚焜（三十八歲）因答應要幫他粉刷屋內牆壁，但連續幾天都未接到他的電話，心中起疑，便到他家探訪。

范揚焜打開安居家的鐵門，即聞到一股惡臭，走近才發現安居倒臥客廳，已

1 鄉民用語，指二〇一五年國民黨總統提名人朱立倫的副手王如玄。

無氣息，飼養的一條博美、兩條中型雜交狗蹲在一旁，安居的右手僅剩小臂，右腿只剩大腿骨，左手、殘障的左腿都有啃食痕跡，范揚焜趕緊向警方報案。

警方到場拍照蒐證並將安居的屍體送到殯儀館，昨天下午檢方前往相驗，研判是因心臟衰竭死亡，時間已逾一周，經查他在台灣沒有親屬，也未與人結怨後，屍體交由桃園榮民服務處代爲處理。」

第二則：一九九八年二月二六日《聯合晚報》〈獨居老人死亡沒人知，被狗啃。夕陽噴血，七十九歲老榮民頭骨都被啃得露出來，死亡十天〉：

「七十九歲老榮民王安定今天上午被里長發現陳屍住處，已死亡多日，他撿來的八、九隻流浪狗，竟啃食他的屍體，全案由檢警處理。

警方指出，王安定是今天上午九時被發現陳屍在高雄市左營區復興新村住處，死亡約已十天左右，屍臭瀰漫。

復興里長宋文有說，王安定個性孤僻，少與鄰居來往，兩天前鄰居聞到一股屍臭味，今天臭味更濃烈，他向高雄市警左營分局報案，進入王安定的住處後，一直找不到他，後來在床下找到王安定，已死亡多時，頭顱已被狗啃得露白骨。」

第三則：二〇〇一年四月二十八日《聯合報》〈老榮民病死，左臂疑被犬咬斷。兩隻大狗守在屍體旁，警方折騰三小時以麻醉槍制伏〉：

「住在新竹縣竹東鎮的老榮民馮煌宗，昨天被發現死在家中，左臂疑被他生前飼養的大狗咬斷。警方據報到場，折騰了三個小時最後使用麻醉槍制伏守在屍體附近的兩隻大狗，才完成相驗，屍體已由新竹榮民服務處負責處理。

新竹檢方昨天驗屍後指出，馮煌宗（八十歲）生前罹患高血壓，長期服藥，可能病發死亡。死亡時他坐在室內一張藤椅上，左手上臂只剩骨頭，下臂骨頭和肌肉則全都不見，掉落的骨頭有遭啃噬痕跡；而衣服也有多處被動物咬過、撕裂的情形。

警方說，馮煌宗住竹東鎮沿河街四七九巷十三號，鄰居從二十二日起就沒有看到他外出，打電話給他、敲門找他也都沒有回應；加上他的住處不斷散發出屍臭，大家研判兇多吉少，昨天上午向警方報案。

警方多次驅趕守在屍體附近的兩隻大狗不成，找來消防隊員和六福村主題遊樂園的動物專家協助，經過三個小時的折騰，才用麻醉槍將牠們擊昏，並帶到新竹縣家畜疾病防治所收容，另一隻在屋外的狗則不知去向。」

三位養狗反被噬的可憐老兵，下場如此悽慘。我們再來看看偉大的「果防部」[1]與「退除役將官輔導委員會」，怎樣供養那些我們當兵時要我們仇匪恨匪、反攻復國，如今卻勤跑對岸，與匪將們把酒言歡、打小白球的上將？看他們怎樣強取豪奪、霸占軍宅？廢話不說，大家看剪報：

第一則：二〇〇七年十一月十四日《蘋果日報》〈貪婪退役八將領，侵占四十億官舍。租給PUB及麥當勞，還轉賣牟利〉：

「民進黨立委謝明源昨爆料指出，總政治作戰部前主任許歷農上將等八位退役高階將領及其家屬，長期侵占、非法使用台北市精華區的官舍、眷舍，市價總值高達四十億元。不但如此，還有家屬違法將官眷舍轉售，甚至外租給PUB（酒吧）或麥當勞，獲取高額利潤。……這些官眷舍都在台北市精華區，占用坪數動輒高達上百坪，簡直就是超級豪宅。

謝明源舉例說，許歷農占用台北市和平東路的精華土地，市值高達一．一億元。黃杰上將的女兒非法占用最精華的SOGO周邊高達六百六十七坪的土地，市值高達二十億元，甚至還將官舍轉售他人。梁華盛中將的家屬則是將西門町的眷舍租給麥當勞，每個月租金三十五萬元，期間長達近七年。唐君鉑中將的家屬則將位於台大附近的眷舍出租開PUB，相當可惡……。」

第二則：二〇一一年十月十三日《自由時報》〈眷舍配售涉圖利，黃幸強等曾遭彈劾〉：

「前陸軍總司令黃幸強被指將每坪配售僅八萬元的和平新村上將眷舍，以每坪百萬元天價賣給一般民眾，獲利達上億元。監察院昨指出，國防部規劃配售和平新村不當，涉嫌圖利，監院早在八十二年就糾正國防部。

監院當年還彈劾參與決策的黃幸強、言百謙、陳堅高三名上將，指三人負責和平新村眷舍規劃、興建、配售等作業，自己身爲配售戶，卻又身掌執行大權，對涉及本身利害事件未依法迴避，明顯圖利自己與他人。但當時公懲會僅對三人處以申誡。……當時第二屆監委陳金德、殷章甫調查指出：

『國軍老舊眷村重建』相關規定以原眷户之老舊眷村爲對象，並規定將官坪

1 鄉民用語，指國防部。

型爲三十四坪；和平新村原爲軍方列管土地，並非老舊眷邸，與規定不盡相符，且國防部還以一、二級上將等同文官之特任官，而特任官並無坪型規定爲由，規劃坪型每户六十八坪。……規劃不僅與規定不符，最後實際配售坪數也不一樣，甲種眷宅達八十六．六四坪，乙種七十九．七九坪，加上公共設施均超過九十坪，國防部在無作業依據下，任意變更配售坪數，根本是重重優待高級將領。

此外，眷舍讓售對象依規定僅限爲有眷無舍官兵，但是和平新村配售户中，包括黃幸強本人，有多人早已有個人住宅。」

老兵屍體被狗啃，上將強占上億宅。這不僅是軍隊的生態，也是外省賤民的悲歌。當年竹籬笆內被恩蔭所庇者及其後代，今日或許含淚含血含屎含尿仍堅持奉旨投票；但竹籬笆外從來未沐皇恩的百分之八十五外省賤民們，我們還要跟高級外省人一起陪葬嗎？不可能的。我們是老兵，到老還是兵；人家是老將，是要有上億豪宅的，絕不會與我們一起死的。無論供養多少年，無論供養多認眞，最後還是會被啃屍嚙骨的。

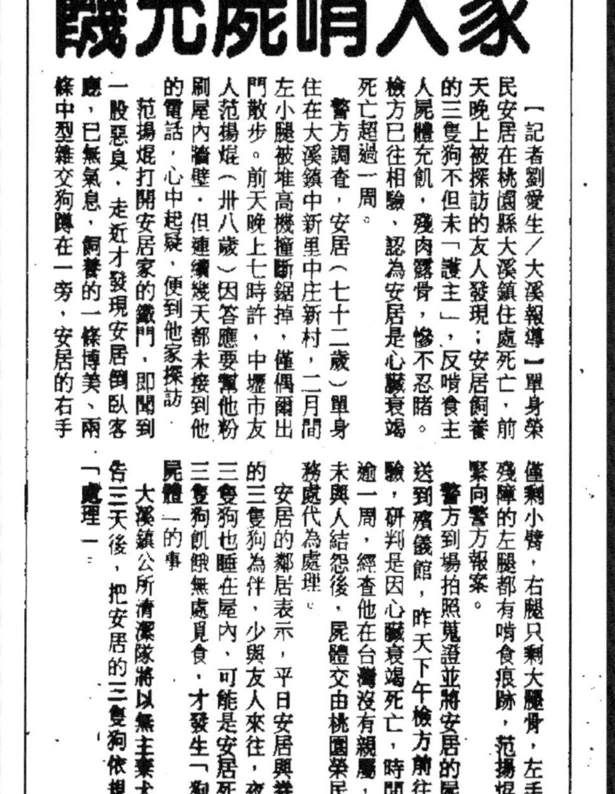

忠狗護主諷刺版　噬肉食骨血淋淋

單身榮民死亡
家犬啃屍充饑

【記者劉愛生／大溪報導】單身榮民安居在桃園縣大溪鎮住處死亡，前天晚上被探訪的友人發現；安居飼養的三隻狗不但未「護主」，反啃食主人屍體充飢，殘肉露骨，慘不忍睹。檢方已往相驗，認為安居是心臟衰竭死亡超過一周。

警方調查，安居（七十二歲）單身住在大溪鎮中新里中庄新村，二月間左小腿被堆高機撞斷鋸掉，僅偶爾出門散步。前天晚上七時許，中壢市友人范揚焜（卅八歲）因答應要幫他粉刷屋內牆壁，但連續幾天都未接到他的電話，心中起疑，便到他家探訪。

范揚焜打開安居家的鐵門，即聞到一股惡臭，走近才發現安居倒臥客廳，已無氣息，飼養的一條博美、兩條中型雜交狗蹲在一旁，安居的右手僅剩小臂，右腿只剩大腿骨，左手、殘障的左腿都有啃食痕跡，范揚焜趕緊向警方報案。

警方到場拍照蒐證並將安居的屍體送到殯儀館，昨天下午檢方前往相驗，研判是因心臟衰竭死亡，時間已逾一周，經查他在台灣沒有親屬，也未與人結怨後，屍體交由桃園榮民服務處代為處理。

安居的鄰居表示，平日安居與豢養的三隻狗為伴，少與友人來往，夜晚三隻狗也睡在屋內，可能是安居死後三隻狗飢餓無處覓食，才發生「狗吃屍體」的事。

大溪鎮公所清潔隊將以無主棄犬公告三天後，把安居的三隻狗依規定「處理」。

■1997年11月14日《聯合報》7版報導，單身榮民安居（72歲）在桃園縣大溪鎮住處死亡，遭飼養的三隻狗啃食主人屍體，殘肉露骨，慘不忍睹。

請林毅夫先向金門老兵道歉

據二〇一五年二月十日《自由時報》標題〈陳雲英春節「自由行」十度來台〉的報導，中國紅朝顯貴林毅夫的妻子、現任中國人大台灣省代表陳雲英，申請於春節期間來台「自由行」，馬政府經過審核，已同意她的訪台申請。陳雲英預計停留十五天，期間將赴林毅夫宜蘭老家祭祖。

陸委會指陳雲英一九九七年至今已來台九次，這次是第十次申請，過去來台沒有任何違規紀錄，因此尊重移民署的專業評估，核准她的來台申請。陳雲英是台北人，政大中文系畢業，赴美留學後與林毅夫一起到中國發展，曾被中國官方授予教育研究突出貢獻獎，享政府提供的特殊津貼。

陳雲英現爲中國人大的「台灣省」代表，二〇一二年全國人大會議時，她向台灣媒體表示，林毅夫始終希望返鄉，也強調「兩岸悲劇還不夠多嗎？」難道要讓歷史記住林毅夫不能回家嗎？

陳雲英也說，兒子有台灣戶籍，回台灣會被徵兵，「平常工作很忙，沒辦法回去服兵役，只希望回台探親祭祖，認祖歸宗！」

其實身為中國政協委員的林毅夫，這些年來已是老狗變不出新把戲了。他的妻子多次來台，說穿了就是又要藉機對台灣媒體放話說他想回台。之前他還說自己當年離開時，「盡一切力量不影響任何人……因當時以失蹤結案，並無軍中長官、同事、同學受懲處。」

林毅夫將當年敵前叛逃的後果，說得如此雲淡風輕，但在一九七〇年代後期，甚至到了一九八〇年代初期，曾在金門服役過的老兵，想必都會跟我一樣的不以爲然。

•

年輕鄉民大概不知林毅夫是個什麼樣貨色，一九七〇年代海外保釣運動興起，台大校園也受到波及，當時林毅夫趁機發起「大一學生代表會」（一代會）並當選主席，和當時的「班代表聯誼會」（班聯會）、畢業生代表聯誼會（畢聯會）分庭抗禮。爲爭取發言權，他發動「校園絕食」，抗議聯合國排我納「匪」，由當時台大訓導長張德溥苦勸後暫停。

由於投入太多時間在政治運動上，以致大一上學期成績不佳、瀕臨退學。因此利用在成功嶺受訓時，忽然向長官報告決定不回台大，而要留在軍中。當時擔任行政院副院長的小蔣，還特地到成功嶺視察，並對外發表這一大振奮人心的消息，各大媒體廣爲披露，此後林毅夫就一直是國軍的明星，不時在各種媒體以「英雄」形象出現。

林毅夫少年時代就是個馬屁精，偏偏武大郎玩夜貓子，小蔣就獨鍾這一味。據一九七二年三月一日《聯合報》三版報導，林毅夫自稱促成他最後下定決心從軍的，就是受到行政院副院長的感召。

你要志願從軍就從軍，但你下則不受連長、營長、旅長、師長的感召，上又不受總統、副總統、行政院長的感召，偏偏就要從中受到皇太子副院長的感召，年輕時就有這等馬屁功，也難怪叛逃對岸後能飛黃騰達，更見祖國傳統文化的「勃大莖伸」。

•

一九七九年二月十六日，林毅夫剛到金門下部隊，就擔任獨當一面的指揮官，成為最受矚目的金東步兵二八四師馬山連連長。

馬山位在金門東北角，是國軍距離大陸的最前哨，還設有對大陸心戰喊話的播音站，所以被選為馬山連連長的軍官要常向到前線視察的長官和外賓們簡報，因此也只有最紅的基層軍官，才能有機會出任馬山連長，也可見小蔣對這位台籍少年馬屁精的提攜與眷顧之隆。

一九七九年五月十八日晚上六時，晚餐時馬山連連長沒到，到了七時，士兵找連長看電視，還是找不到人，連上開始緊張，士兵到處尋找，直到半夜還不見人，才向師部報告。

師部全面清查後發現，不但連長失蹤，連旗和防衛作戰資料也不見了，全師一萬多人立刻全體動員展開搜尋，照明彈從凌晨打到天亮，五〇機槍與各式迫炮及榴砲不斷射擊海面可疑漂浮物，但打到的都是浮木。

五月十九日開始，金防部舉行全島「雷霆演習」，十萬官兵與五萬百姓，每人手臂上綁上一樣的白臂章識別，手持木棍翻遍島上每寸土地。但找了好幾天都全無結果，軍方研判他是帶著籃球浮具從海上潛逃。雖然軍方對外仍堅稱林毅夫是失蹤，但大家都心知肚明，這位小蔣器重的馬屁軍官叛逃了。

因爲林毅夫的叛逃，全島的軍事據點都重新部署，甚至連出過事的廢碉堡都啓用，幹訓班也停止操課，全力配合部隊移防，軍心浮動不安好幾個月。但因一直沒有找到林毅夫的屍體，對岸也沒有發表他「投誠」的消息，軍方爲了保住郝柏村的同鄉，就是二八四師的師長周仲南，陸軍總部就在一年後宣佈林毅夫「死亡」，還發給家屬四十六萬元的撫卹金。

•

林毅夫原本是集三千寵愛在一身、省籍正確、學經歷傲人、家室美滿的「超級明星」青年軍官，誰也不相信他會在戒備森嚴的金門前線叛逃；但不該發生的還是發生了，風靡一時的什麼本省人從軍、台大人從軍等樣板戲就不再演了，一切又回到老蔣時代那種封閉的對眷村外省第二代招兵。

其實早在林毅夫叛逃一個月後，他的妻子陳雲英與父親就已收到林毅夫從日本轉來的家書，但軍方與林家就像當年演「明星軍官」那樣繼續演著這場好戲，郝柏村的同鄉周仲南繼續升官，林家則平白收到數十萬元撫卹金。一九八三年，陳雲英帶著兒女赴美，然後兒子也繼承父業，「逃兵」投奔大陸，陳雲英後來還擔任人大代表。

郝柏村當年為了派系官位，刻意隱匿讓林毅夫的長官與家人都沒受到牽連，這一點固然是事實；但林毅夫要說他叛逃的行為「不影響任何人」，未免也就太離譜了。

林毅夫失蹤時帶走了金門的駐地作戰計畫，裡面註記了金門兵力部署、防禦演習、反登陸、反空降，以及沿海防禦共軍登陸的瓊麻、刺條等數量，金防部基於軍事部署安全，立即將駐守金東的二八四師與駐守南雄的三一九師對調換防。六月，一五八師移防台灣，一二七師改駐小金門，一四六師則駐守金中。

短短一個月，駐守大、小金門的五個師全部移防，同時要重新制訂通訊密碼表和金門的作戰計畫。當年各營區設備既無影印機，更不可能有電腦，頁數不薄的作戰計畫在修改前後，不斷地擬出新案，重新刻鋼板再油印，累翻了參與作業的軍官。至於參與移防的小兵，更是累到趴下。

•

由於金門全島的軍事據點，在一夜之間都被迫重新部署，很多官兵必須離開原本可以住人的山洞碉堡，被迫搬到潮濕甚至漏水的地方。即使幾年後才下部隊或移防來金門的官兵，依然深受其害。

與我差不多年紀在金門服過役的老兵，當年都住過這些潮濕瘴癘的山洞碉堡，中年後飽受風濕所苦；但林毅夫卻在對岸享受高官厚祿，兩個兒子也都不用當兵逍遙自在，他還趾高氣昂的認爲自己沒影響任何人，這對我們當年在金門服過役，如今風濕纏身的老兵來說，實在是很難服氣。

林毅夫能否衣錦還鄉，要怎樣面對他當年的長官同袍，我們這些基層老兵無法置喙；但我至盼這個當年叛逃的明星軍官，在返台之前能爲他當年敵前叛逃的行爲，向所有無辜受害的金門老兵們致歉，並且連本帶利的歸還家人配合郝柏村、周仲南等軍頭詐領的撫恤金。

至於返台掃墓的爛梗也就別再歹戲拖棚，要認祖歸宗就乾脆點，趕快把你一家的祖墳都挖出來，遷回你投奔熱愛的祖國吧！

蔣副院長壯語期勉
熱血青年投筆請纓
執干戈捍衛社稷報國最佳途徑
林正義惜別台大參加革命行列

【本報記者劉復興專訪】在成功嶺大專寒訓班裏，向參謀總長賴名湯請纓的台灣大學學生林正義，今天起就要正式爲陸軍軍官學校四十四期的學生之一。

許多人覺得奇怪：林正義在台大農業工程系唸得好好的，怎麼會一轉眼就去從軍了呢？但是熟識他的人都知道：他這項行動決不是一時衝動，而是有理性的知識份子的做法。

台大的各學生社團負責人，昨天在台大校園裏舉行惜別會。總是在幾聲爽朗的笑聲後，聽到人家對他說：「我佩服你的行動！」

林正義說他捨不得校園裏的杜鵑花，更珍惜台大的自由研究風氣，但是爲了走上他自己認爲理想的路，他從軍了。

他是台大一年級學生代表會的主席，也是全校學生代表聯合會的政策委員。對台大訓導長張德溥來說，林正義是他所接觸的同學中「很特殊」的一位。

張訓導長記得很清楚，林正義當選大一學生代表會後不久，跑來見他時說：「我覺得過去大一代表會總是無聲無聞的，所以我想眞正做點事情。」

過不了多久，我國毅然宣佈退出聯合國，大學生都羣情激昂。林正義在一次學生代表聚會討論時，突然站起來高呼：「我要絕食！」

張訓導長聽了後，嚇了一跳。因爲，這種行動很容易在校園裏激起連鎖作用，造成難以想像的後果。張訓導長託了許多跟林正義要好的同學，進行說服，勸他打消這個念頭。但是他仍然本着「說得出，做得到」的精神，堅持要絕食。

最後，張訓導長和幾位他的師長一塊勸他，他才逐漸「勉爲其難」的接受了。

等到大專學生寒訓開始後，張訓導長抽空到成功嶺探望受訓的台大學生。這次，他又看到林正義。林正義跟他說，寒訓班的幹部訓練大學生的方式，不如眞正部隊那麼嚴，這樣無法達到訓練的目的。

這幾件事加在一起，使張訓導長對他的印象更爲深刻。但是讓張訓導長更感到意外的是：他竟會突然從軍！

林正義爲着決定這件事，曾經「長考」了一個月。在參加大專寒訓之初，他在連隊裏一直表現得很好，但是當這件事困擾住他時，他患得患失，常表現出一些「迷糊」行爲，使連隊裏的長官和同學深感詫異。

譬如說，他把衣服送洗時，會忘記拿出衣服口袋裏的鈔票；上課時也常忘了應帶的裝備。

促成他最後下定決心的，是行政院副院長蔣經國在本月九日參觀成功嶺時，對大專學生講的一席話。蔣副院長勉勵他們「決不做被人輕視的民族的最後一代」，而應「成爲一個意想不到的完美時代的開端」！

林正義的內心，被這句話深深地震撼着。他撥開重重雲霧，看到了青天。

他在作這個「價値」判斷時認爲：如果他學農工，對國家的貢獻也許比他從軍的貢獻大；但是如果他從軍能激起蟄伏在每個青年心中的愛國心，和對國家民族的責任感，則收到的效果，就無法衡量了。

他又認爲，從軍雖不是知識青年報國的唯一途徑，但是有什麼途徑比執干戈以衛社稷更直接呢？

在他下定決心後，已到了農曆春節。他回到宜蘭的家，把這個決定告訴父母兄長，遭到一再的反對。

他在家裏排行第四，上面有兩個哥哥，一個姊姊。過去他家的生活很拮据，所以他兩個哥哥書唸到一半就輟學了。他是靠他哥哥輟學做事賺的錢，讀完中學，順利考上台大。所以，他的家人把一切希望都寄托在他身上。

經過他反覆向他們解釋，最後終於獲得家人的同意。他銷假回到成功嶺後，立刻向上級表達這個意思。

當時他選擇陸軍官校，許多長官找他去談話，都對這點感到奇怪。有的長官說：「你是學理工的，大可選擇中正理工學院。」

對這一點，他也表示不同的看法。他認爲，從軍就是接受磨練，陸軍官校的環境最適合他。「如果我選擇舒服的路，如何能喚醒別人？」

林正義的故事，所代表的，又是一個青年人不能安於冷漠的例子。

■1972年3月1日《聯合報》3版報導，在成功嶺受訓的林毅夫，自稱從軍是受到行政院副院長的感召。馬屁只拍太子爺，跳過院長部長，已可見其人品。

Part 5 半山新頭殼

台灣其實並沒有眞正的省籍問題，
但卻有著越演越烈的階級問題。
關鍵是在於比國民黨形象更糟的半山家族。

這笑話在二〇一四年的網路鄉民間，早已成了老梗。

一個官三代兼富三代的大少爺想出馬競選，搞了幾個月民調還是拉不起來，只好入山請教禪師說：「大師，明明我就窮到連帝寶都買不起，為什麼鄉民們還要說我是權貴？」禪師沒回答，只給了他一個布袋說：「把地上的樹葉裝進袋子裡。」

大少爺沒得到想要的答案，只好乖乖裝了幾袋樹葉，然後再問：「大師的意思是？」禪師依然不回答，只說：「你裝啊！再裝啊！繼續裝啊！」

大少爺再裝了幾袋之後，忽然想通了，大怒脫口而出：「靠北啊！」

禪師這時才說：「施主終於開悟了，你這一生到目前爲止，不都一直是在『靠北（爸）』嗎？」

大家對國民黨權貴子弟的厭惡，關鍵是在於形象更糟的半山家族，也就是按省籍看是正宗本省人，實質卻是比高級外省人更高級、比天龍人更天龍的半山家族。

半山，是指日治時代前往中國本土旅居、戰後返台從政的台灣籍人士，大多爲國民黨員。一九四九年兩蔣在內戰失敗後流亡來台，爲了有效管理台灣本島，只能提拔一些台灣世族，但又對台灣人不信任，因此起用半山擔任高官，讓他們擁有了一般外省人也沒有的政治與經濟特權。（外省官員通常也罕見炒地皮。）

台灣的地價與房價會如此不合理的偏高，關鍵就在就在於這些更惡質的半山家族。二〇〇四年總統大選前，民進黨發出五十萬本的文宣《兩代公務員的致富傳奇》，指出連戰曾祖父時家產被日本沒收；連戰在《香港時報》還發表過文章說，「日本割據台灣時，祖產就那麼一筆勾銷」，但二戰後結束連震東奉老蔣之命來台「劫收」日產，再經連戰兩代公務員利用權勢，從無到有竟累積了二百億以上的家產，成了國民黨在台灣的「新孔宋家族」。

連震東來台十一年，就被香港《新聞天地》雜誌選爲排行台北第七大富豪。半山家族炒地皮，就跟革命先烈林覺民在〈與妻訣別書〉裡形容的滿清末年一樣：「遍地腥羶，滿街狼犬，稱心快意，幾家能夠？」究竟要到哪一年，台灣老百姓才能免於這種「生無容身之屋，死無葬身之地」的窘境？

或許我們從歷史中學到的唯一教訓，就是我們在歷史中永遠學不到教訓吧！

爲什麼連勝文想的總和我們不一樣？

爛透了，爛透了。從連勝文獲國民黨二〇一四年台北市長提名後，聲望就爛到跟快要下台趕著去土城看守所與阿扁作伴的馬英九一樣，一天比一天更低，而且還永遠不知最低點會落在哪裡。

網路鄉民們無論是否支持藍營，大概都會有著相同的疑惑，爲什麼連勝文想的總和我們不一樣？而且若只是連勝文一個人會這麼想，問題還不大；糟糕的是連他的發言人、總幹事、幕僚群一直到整個團隊，似乎都跟連勝文想的一樣；或是雖然想的不一樣卻無法表達，還是表達了也不可能被接受，總之，只要任何事一扯上了連勝文，就會和我們不一樣。

二〇一四年八月初，網路上開始流傳一支爲台北市長參選人連勝文助選的微電影，就是典型的範例。

在這部誰也不承認是自己拍出來的「靈異片」裡，唯一的角色（女主角）看似是個台北粉領族，從影片一開始她就以悠遊卡在星巴克買早餐，然後直到下班打卡後去看棒球，搭捷運、坐公車到計程車，彷彿一整天都在用悠遊卡，藉以暗示一個上班族在台北的「小確幸」生活，最後還寫著「這是在台北市生活的步調，這是勝文的努力，讓我們一卡在手、悠遊全台。」以及「台北市長請支持連勝文」。

•

其實這部「靈異片」的運鏡剪接等前製後製的技術都不差，所以看了之後還能讓人留下印象、並且成爲話題；無奈編劇未免也太不食人間煙火，以致剛上網就被鄉民們噓爆。

例如女主角放著鏡頭一開始就出現的便宜芋頭粿不買，偏去一百一十元起跳的星巴克消費；八小時後不用加班，還能看棒球、吃熱炒，就如鄉民批評的「這不是正常人的一天，而是權貴的一天。」或是「用『22K』的月薪要過這樣的生活，若不是被台北連少爺包養，就是南下找太子爺援交。」

由於助選「靈異片」上網後就惡評如潮，目前權限已被改爲私人影片。連陣營還忙著切割，一開始反駁從未見過這部片，後來又宣稱這不是他們所拍攝，而是某廠商在數月前向總部推銷的DEMO帶，未經同意就掛上連勝文的名字並放上網路。連勝文受訪時甚至說：「證明對手陣營的網軍，不斷用扭曲、抹黑的烏賊戰術來攻擊我們。」

但鄉民們也都感到好奇，到底是哪家公司這麼「大器」，沒拿錢也未經授權，就可以先拍了上網？何況就算眞的是別人拍好了才來推銷，連陣營肯定也是有人看過了才決定不用，又怎麼會完全沒看過呢？

其實憑良心說，連勝文並不是什麼罪大惡極之人，但爲什麼選戰開打以來，聲勢始終拉不上來，關鍵不在於戰術，也不是戰略，而是心態。

連勝文之所以會被大多數年輕人嫌惡，根源也絕不只是他家有錢，在資本主義的鬼島，從天龍國到窮鄉僻讓，選舉都是在燒錢，有錢人參選才正常。

連勝文最大的問題其實是來自他的父母，更直白一點說是他的家教，讓他變得與馬英九一樣，完全沒有同理心。

更糟的是連與馬有著同樣的癖好，就是身邊的人都像照著鏡子挑出來的，同質性太高的團隊，也難怪會不斷鬧笑話。

為什麼連勝文想的總是和我們不一樣？其實這是家學淵源。一九九六年四月十七日，正逢連家最風光時。首次總統民選，在中國飛彈威脅與美軍兩艦隊通過台海的緊張氣氛下，行政院長連戰剛在三月贏得勝選，五月就將擔任副總統。

偏偏就在這大喜之日來臨前，新黨女立委朱惠良，又丟出了一顆震撼彈。朱惠良原本只是一位在故宮任職的歷史學者，被新黨提名後，在立法院裡卻成了連戰「最感冒」的立委，因為之前她爆料連戰將房產租給非法的「凡爾賽KTV」，害他這個準副總統差點中箭落馬。

這一次朱惠良回歸本業，只針對文藝預算質詢。她爆料指出四月二十八日上午，台灣省文藝作家協會將在台中市議會禮堂頒發的中興文藝獎章，連戰的夫人連方瑀是否如外傳，已被「內定」為散文獎得主？究竟散文獎的評審決策過程為何？是否眞如外傳是由行政院六組組長朱婉清推薦？

在媒體追蹤下大家才發現，原來這個戒嚴時代被官方認可的「文藝團體」，今年依然要行禮如儀地頒獎章給十八位得主。但散文類究竟有幾人參賽，文協理事長許耀南坦承只有連方瑀一人；至於推薦者又是何方神聖？答案則是中國婦女寫作協會會長朱婉清。

•

坦白說，無論是台灣省文藝作家協會，還是中國婦女寫作協會，甚至什麼中興文藝獎章，都是戒嚴時代殘留「食之反胃，棄之不可惜」的東東，媒體與眞正的文藝工作者，對這些團體與獎章完全不屑一顧；但也不得不佩服連家，就連這種事也能搞成新聞（其實就是醜聞）。

原來連方瑀獲獎的《依蓮集》，竟是一九七五年華欣出版的，總統都從蔣介石換成嚴家淦，再換成蔣經國，再換成李登輝了；但《依蓮集》卻出版了二十年才得獎，莫非台灣省文藝作家協會是因爲評審們也妄想「依連」，才會搞出這個馬屁獎。

外界都冷諷熱嘲，朱婉清與文協又在搞馬屁文學（不，應該是連屁文學），朱婉清卻對外喊冤說：「我推薦的確實是連方瑀多年前的舊作，但《依蓮集》並不是得獎著作，連方瑀的《愛苗生我家》才是得獎作品，只是推薦時《愛苗生我家》還未出版，可能是文協把資料弄錯了。」

顯然朱婉清在連營的功能與蔡正元一樣，不解釋也就算了，解釋了反而火上加油，媒體與藝文界譁然。古往今來只有聽過文學獎的「首獎從缺」，從未聽過還有「作品從缺」的，被朱婉清這麼一解釋，更落實了文協與獎章的馬屁性。

（後來朱婉清果然也因貪汙棄保逃亡海外。）

•

其實回過頭來說，台灣出版業這種「名人即作家」的墮落歪風，連方瑀絕非始作俑者，她的文筆相較於其他名人，也在水準之上。但連方瑀的問題與老公兒女一樣，就是缺乏同理心，以致她的文筆越好，麻煩就越大。

就拿一九九六年二月才由皇冠出版的《愛苗生我家》為例，裡面有篇敘述大女兒連惠心（就是賣禁藥被起訴緩刑那個女兒）出嫁的故事，看過的人就像看了連勝文的助選「靈異片」，絕對印象深到比被卡車壓到還震撼。

無論豪門巨富，還是升斗小民，女兒要出嫁，媽媽一定都是百感交集，這是同理心。但連方瑀在這篇〈乖女的嫁衣〉裡，描述女兒出閣時她這作母親的複雜心情，卻是藉著女兒在美國看了一大堆婚紗都不滿意，最後挑到倫敦的設計師，回台灣宴客時，婚紗從機場到家裡竟要用中型卡車運載，這麼豪奢的畫面，比她婚禮當天坐的白色凱迪拉克禮車還誇張。

實在無法想像到了台灣尚且要用中型卡車運送的婚紗，從英國到美國，再從美國到台灣，這樣坐飛機越過大西洋、再越過太平洋，到底要花多少錢？

從這個角度來看，我也眞的很同情連勝文。他並不是刻意要炫富，他也知道言行若像許純美或法拉利姊，無異是在吃「從政毒藥」。問題是在這樣的家庭教育下，他的腦子已潛移默化到與我們完全不同了。

因此鄉民們請不要再問：「為什麼連勝文想的總和我們不一樣？」因爲若是一樣，他就不叫連勝文，他就跟我們一樣要叫「魯蛇族」了！

連方瑀獲中興文藝獎 朱婉清撤回推薦

朱不滿外界亂抹黑 「省文協」宣布散文獎從缺

【記者李建榮台北報導】行政院長連戰夫人連方瑀女士獲得中興文藝獎章後，外界的揣測不斷，推薦連方瑀參選的行政院第六組組長朱婉清昨天致函臺灣省文藝協會，要求撤銷她對連方瑀的推薦。朱婉清表示，她推薦連方瑀，卻引來風風雨雨，使得事情演變成各種抹黑，她覺得對不起連方瑀。

朱婉清表示，連方瑀事前並不知道她推薦「愛苗生我家」一書參選中興文藝獎章，她也從沒有運作臺灣省文藝協會要頒獎給連方瑀，可是連方瑀獲獎後，卻有人對於連方瑀的得獎作不當的聯想，甚至提出各種批評，使得這項榮譽變成一種侮辱。

她表示，連方瑀昨天收到臺灣省文藝協會的得獎通知後，決定不出席二十八日的頒獎典禮，並拒絕受獎。因此她作為推薦人，決定去函省文藝協會，要求撤銷她的推薦，希望這樣做，能夠避免各種風風雨雨的流言。

【記者葉志雲台中報導】台灣省文藝作家協會昨天依照推薦單位要求，正式撤銷今年中興文藝獎章十八位得獎人中備受爭議的「散文獎」得主，由於該獎項除了連方瑀之外，沒有其他推薦人選，省文協決定以「從缺」方式處理。

頒獎典禮仍依原定時間於廿八日上午十時卅分在台中市議會禮堂舉行。

新聞分析 張景為

原本是一段佳話 卻變成一「準政治」事件

從推薦到從缺 評選過程可議

從推薦、獲獎到遭致議論，最後又由推薦單位自動撤銷推薦，以獎項從缺收場，行政院長連戰夫人方瑀女士「一度」獲得中興文藝獎章散文獎的過程，可謂戲劇性十足，更令相關的當事人既尷尬又難堪。誰也沒有想到，一樁原本是文藝界的美事佳話，竟然會變成一個情何以堪的「準政治」事件。

在整個事件中，最難消受、也可能最無辜的恐怕是方瑀女士本人了。

不少政界或藝文界的人士都知道，方瑀女士喜愛寫作，也曾出過幾本散文集；雅好文藝是好事，任何人當然也都有權利參加文學獎項的選拔。然而，方女士身為閣揆夫人，既是動見觀瞻的公眾人物，自然在這方面就會受到多一點的議論與「羈絆」，尤其是她一旦參加了有「比賽」性質的活動，就必須有某種心理準備。這就好像過去曾有現任閣揆之子想參加立委選舉，結果也遭到可能不公的質疑一樣，當事人確實要想清楚某種「迴避」原則。

另一方面，從方女士獲獎過程中的幾個技術「瑕疵」，確實也難免遭致物議。例如為何角逐者只有方女士一人？得獎作品若是二十年前的舊作「伊蓮集」，為何現在才送出競獎？若是新作「愛苗生我家」，角逐時卻仍未出版，更何況推薦者是其丈夫閣揆的部屬；就算相關人士有再大的善意，評審過程如何公正，恐也難逃瓜田李下之譏。

方女士在她的作品中曾提到，連院長公務繁忙，兒女漸漸長大有自己的天地，有時不免令她感到孤寂落寞，因此寫作成了她另一種生命的寄託與興趣；不少看過她作品的人也認為，方女士以女性的細膩與感性，發抒她對家庭與週遭事物的感懷，頗有情真意摯的動人神韻，不料卻發生這種狀況，實在令人遺憾。事實上，本來應無物，何處惹塵埃？就讓文藝的歸文藝，政治的歸政治吧！

■1996年4月21日《中國時報》3版報導，台灣省文藝協會宣布，原本行政院第六組組長朱婉清推薦的中興文藝散文獎將從缺，不再頒給連方瑀。

從美國兔女郎趴遙想台灣雛妓選美

二〇一四年底縣市長的選舉尚未鳴槍起跑，藍營已提名確定的候選人，卻紛紛陷入各種法律與道德的泥沼裡。

前些日子鄉民最關心的八卦，就是國民黨提名的台北市長候選人連勝文，遭資深媒體人周玉蔻爆料，說他當年在美國讀書時，曾參加過花花公子兔女郎派對，因此被連勝文委託律師向法院提告求償五百萬，並要求公開登報道歉。

但在訴訟過程中，周玉蔻卻爆出了更大的料。原來她的消息來源，竟是當年馬英九市長特別費貪汙案的辯護律師宋耀明。

爲釐清本件民事求償案，台北地院民事庭在六月十七日上午，首度應被告周玉蔻請求，傳喚宋耀明到庭作證。

當然，這種政客控告媒體或媒體人的誹謗案，除非被告當場有錄音，否則證人在庭上的說詞，往往因人情壓力或未來商業利益，不是避重就輕的閃躲，就是完全否認。

宋律師與國民黨之間，關係比疊床架屋還複雜，因而原本鄉民們也都不認爲會有什熱鬧可看。不料讓大家跌破眼鏡的是：宋耀明竟當庭指稱，他與連勝文是二十年前赴美攻讀法律碩士班的同班同學，曾與媒體友人私下聊天，提到連勝文可以住川普大樓豪宅，讓他感到驚訝。

宋律師在證詞裡更勁爆的是：連勝文告訴他，曾經到過Playboy Mansion（發行人海夫納的家）。宋律師還強調，國民黨不該提拔連勝文這樣的人從政。

這麼一來，宋律師在法院的證詞中關於兔女郎趴的部分，立刻成了媒體的頭條。至於連勝文本人，還是比照之前的各種爭議事件，只交由發言人錢震宇出面表示，連勝文行事坦蕩，不怕調查。

錢震宇一再強調連勝文與宋耀明並不熟，見面次數更寥寥可數，上次見面已是七、八年前的事了。兔女郎趴是很嚴重惡意的指控，請宋耀明說清楚，連勝文是在何時告訴他這件事情？有沒有任何證據？

•

這些年來，我對台灣媒體的素質，除了不滿，還是不滿。連家從戰後至今近七十年來，已經兩代掌權，靠著炒作房地產成爲台灣排名前幾位的巨富，這就已經夠荒唐了。年紀輕輕的連勝文，在美國就學時住豪宅，與前朝太子陳致中服役時開名車一樣，從這些奢華無度的誇張行徑，其實就已昭告世人，靠爸族的老爸手腳絕對不乾淨。

無奈嗜血成性的媒體，對官箴之類公眾事務總是興趣缺缺，非要等到太子爺開車召妓，或是官三代去了兔女郎趴，牽扯到了與情色有關的案情，才肯開始放狗追人，實在讓人感慨。

其實召妓也好，去了兔女郎趴也罷，這些都是個人私領域裡的事，根本不必浪費寶貴的媒體資源。如今連勝文一定很嘔，也一定很羨慕我們台灣歷史上最有名的阿舍連爺爺。

大家別誤會我在影射「台灣地王」的連爺爺在召妓，因爲這裡要說的連爺爺，並非彼連爺爺；而是十年前對岸西安小朋友朗誦時，朝思夜慕的那位連爺爺眞正的爺爺連橫。

話說在連爺爺（連戰）的爺爺（連橫）那個時代，台灣男人對妓可說是愛怎麼召就怎麼召，而且根本不必等狗仔隊來偷拍，嫖客們還自己寫嫖妓心得公諸於世，並且要結集成書，傳諸子孫。

一九〇〇年，這位連爺爺的爺爺在《台南新報》上開「赤城花榜」，撰寫〈花叢回顧錄〉。描述當時年僅十二歲的雛妓李蓮卿，如何被他們這些「蘿莉控」無聊文人摧殘蹂躪至死的經過。

其實這位連爺爺的爺爺對於風月場所，簡直就是專家中的專家。當年他在上海聽見有青樓女子說：「妓女亦國民，寧可自棄？」他就立即回答說：「青樓亦一業，修其客，習其聲，以售其技，博金錢於溫柔繾綣之中，固賢於貪吏之強噬民血也。」

這句話翻譯成白話文，或許就是說：「別像我兒子我孫子那樣，全家都當自耕農搜刮農地，用變更地目去炒地皮，讓百姓生無立錐之處，死無葬身之地；還是像我這樣去吃幼齒的比較實在。」

關於這位連爺爺的爺爺與名妓夢癡（王香禪）的韻事，由於劇情太曲折，在此先按下不表。還是解釋一下什麼叫「赤城花榜」？

「赤城花榜」的赤城就是台南市，花榜就是妓女選美會。一九〇〇年台南的「十大名妓」，第一名是年僅十二歲的雛妓李蓮卿。

可惜妓怕出名豬怕肥，一旦登上花榜，不堪眾多像連爺爺的爺爺這樣的變態「戀童症」蹂躪摧殘，十六歲就香消玉殞了，連爺爺的爺爺因而寫文章與作詩，哀悼這個超幼齒的雛妓李蓮卿說：

> 台南固舊時都會，仕宦遨遊，商賈雲集。西關之外盛設女閭，風定日斜，歌聲漸起，衣香花氣，蕩魄銷魂，誠升平之樂事，而沈醉之柔鄉也。海桑以來，日就衰落。閱今僅三十年，而南都金粉變爲北地臙脂，回顧花叢，閑愁萬種，眞不勝今昔之感矣。
>
> 先是庚子之秋，余乏南報，曾開赤城花榜，遴選十美，以李蓮卿爲首。蓮卿，台南人，年十二，鬻于勾闌，姿容妨（妨當作「妙」）曼，體態溫柔，又能纏

綿宛轉之歌；豔名日著，而蓮卿則自恫不已。蓋狂且之肆虐，由是而來，遂以病沒，年方十六。餘傷其遇，以詩弔之，和者甚多，因成一帙，曰：「悼蓮集」。

嗟乎！天胡此醉，我見猶憐，歌唇含雨，珍伊扇底馨香；掬手清波，墜此懷中明月。尊前之紅淚半枯，江上之青衫未浣，餘雖學太上之忘情，甯不歎美人之薄命？偶懷舊事，爲錄挽詩！

一朵蓮花墜劫塵，紅樓半現女兒身。西風昨夜吹裙帶，好向情天證夙因。

寶蓋銀幡好護持，一泓春水漲瑤池。采蓮隊裏嬌歌起，翻作東山薤露詞。

藕斷絲連恨未消，莫愁湖畔月無聊。十分金粉飛蝴蝶，覓汝香魂剪紙招。

生既飄零死亦遲，落紅憔悴夢迷離。芙蓉鏡裡人何處？天上塵間兩不之。

•

台北市民對官二代實在是夠寬容的，從馬英九到郝龍斌，都是典型的靠爸族。但這兩位權貴子弟還有點自知之明，起碼也要在眾人面前「假仙」一下，自爆棉被蓋三四年、游泳褲破了都要縫補的鬼話。

但集富三代與官三代於一身的連勝文，竟驕奢狂妄到如此誇張的地步。選戰還沒有開打，就惹出住豪宅、喝數萬元紅酒、跑百萬元生日趴的花邊新聞，若再加上他姊姊連惠心被起訴的禁藥風波，連勝文還眞是神經大條到已經是處「驚」不變了。

面對一波波的爭議，連勝文的回應依然不脫自我安慰，只當成是選戰的「小菜」、定位是對手「陰謀論」，簡化爲媒體的「抹黑」。如今連花花公子兔女郎趴都出現了，或許他也不是眞的想選市長，而是眞心嚮往曾祖父的恩客風采，也想來搞個「首都花榜」的雛妓選美吧？

兔女郎案　連勝文撤告周玉蔻

楊毅、林偉信／台北報導

首都市長選戰期間，資深媒體人周玉蔻爆料，指控國民黨台北市長候選人連勝文，在赴美求學時曾參加花花公子兔女郎派對，連否認並對周提告，求償500萬。不過，連勝文昨表示，為避免浪費司法資源上，決定撤回告訴，「沒有做過的事情就是沒做過，也很遺憾未能有其他證據去證明從未發生過的事情！」

周玉蔻表示，她本來希望官司打到底，讓真相大白，但連勝文卻無預警撤告，她雖然有點火大，但為節省訴訟資源，在律師及法官勸說下，就接受了。

她說，這個案子，之前還勞煩到知名律師宋耀明作證，因為宋就是她的消息來源，當時宋耀明曾出庭作證，指1994年間連曾對他說去過「Playboy Mansion」，她對宋耀明感到很抱歉，也希望連勝文以後不要再亂告人了。

連勝文昨午透過幕僚發出聲明，他心中坦蕩，為證明從未去過兔女郎派對，他曾兩次主動發函給花花公子，要求提供20多年參加派對的名單，也窮盡各種方式，希望花花公子提供證明，他從未參加過任何派對，但花花公子至今未有任何回應，他對此表達遺憾。

■2014年2月24日《中國時報》8版報導，首都市長選戰時，名嘴周玉蔻爆料連勝文曾出席花花公子兔郎趴，遭連勝文控告，選後連勝文宣布撤告。

連勝文的民調還拉得起來嗎？

二〇一六年的大選，國民黨不僅失去了總統大位，立法院裡席次也剩不到三分之一。這場比十六年前首次政黨輪替時更糟的慘敗，關鍵還是兩年前六都暨縣市長大選時，國民黨在台北市推出了官三代兼富三代的候選人連家大少爺。按天龍國的選民結構，國民黨就算推一隻豬出來，照樣可以躺著選，那麼究竟連勝文是怎麼輸的？

坦白說在二〇〇〇年三強鼎立的總統大選裡，連戰相對於宋楚瑜與陳水扁，還算是比較有點水準的政客。小人得志的阿扁，讓人最難忘的印象就是得意忘形，也難怪在位時會說出：「啊我就當總統了！算我好運，嘸你係袂按怎？」以及：「我就錯在兩件事，錯在選上總統、沒被子彈打死。」這類囂張到近乎無賴的言語。

相反的選後成立親民黨，鬼扯「三民主義吾黨所宗，吾黨就是親民黨。」以及「沒有蔣公就無台灣民主」的宋楚瑜，給人的印象則是失意忘形，落選後就像魯迅筆下的祥林嫂[1]。難道他午夜夢迴時就不會想到，那個省長選舉前揚言「就算只剩阿里山，也要選到底」，最後還是被他串連李登輝，硬是搓圓仔湯給搓掉的吳伯雄，心裡就不會有怨言嗎？

但無論從哪個角度來看，連戰大選落敗後，還能串連一大堆孤臣孽子回師逼宮，從李登輝手中搶回國民黨這塊肥肉，顯然也不是個簡單人物。連勝文若沒有這個爸爸，他能有機會代表國民黨參選台北市長嗎？我看他連一個里長也「買」不到吧！

•

其實連勝文的民意支持度，也並非一開始就這樣趴在地上的。在獲得國民黨提名前，二〇一二年十一月，連勝文在受訪時面對是否參選市長的提問，竟說：「大家不會關心兩年後誰選市長，誰不選市長，把經濟搞好才是重點，經濟不搞好，誰來當都是丐幫幫主。」此話一出，連勝文受歡迎的程度大增。

1 祥林嫂守寡後獨子又被狼吃掉，逢人即哭訴，起初聽到的人會同情安慰，但久了後則厭煩，甚至訕笑，比喻習慣不斷訴苦的人。

就像周星馳在電影《武狀元蘇乞兒》中，用丐幫幫主身分對著滿清皇帝說：「丐幫人數有多少，不是我決定，而是皇帝決定。」連勝文的「丐幫幫主」一詞，讓當今聖上馬英九聽了極不順耳，但連勝文本人的聲勢反而水漲船高。

到了二〇一三年九月馬王政爭最火爆時，連勝文再痛批：「現在是中華民國一〇二年，不是大明王朝，任何人都不能高過法律，就算總統也不例外。」因爲登高一呼反馬，讓連勝文聲望達到最高點。

無奈到了眞正市長大選年，他在打敗了丁守中，招安了蔡正元，再逼退了沈富雄，必須乖乖回到國民黨這宮廷體系後，民調就一日低過一日。但這也怨不得別人，俗話說：「狗掀門簾子，全靠一張嘴。」選舉也就是這樣，候選人的嘴往往是勝敗關鍵。當連勝文的嘴裡，不再出現「丐幫幫主」與「大明王朝」這些馬英九感到逆耳的反動標語後，他與民意的落差也就越來越遠了。

尤其在二〇一四年首都市長選舉期間，連勝文失言的頻率與誇張程度，竟然能超過對手柯文哲，這還眞的不容易（抱歉，也超過了我的好朋友馮光遠，再沒提到他，他會跟我割袍斷義的）。

連勝文說的南港內湖生活機能差、新生高架橋地下化、社子島是西北方小島、北市噴出石油，以及不准妻買韓衣、看韓劇挨轟等等，讓他每開一次口，民調就再落幾趴，眞懷疑莫非連勝文是學阿扁那樣，市長落選後再直攻總統大位嗎？

•

從《聯合報》都打起落水狗了就能看出，連勝文的敗象已現。八月二十五日連勝文走訪藍營鐵票區的南機場社區，在聽取忠勤里方里長簡報時，連勝文問：「不好意思我打斷一下，這個社區的瓦斯管問題，漏水或漏氣的問題？」

里長告訴他：「我們南機場沒有瓦斯管線，我們全部用桶裝瓦斯。南機場夜市那一條，後面那一條，所有的攤商全部是瓦斯桶。各位知不知道，他們晚上收攤後，這條街上超過二百五十支的瓦斯桶擺在街上。」

但連勝文還是問：「我是想老舊住宅一定會有瓦斯管線的問題。」里長重申：「南機場夜市那一條街，所有的攤商全部是瓦斯桶。」稍後方里長又向連勝文報告、曾在深夜有人拿瓦斯桶放火燒車，連勝文還是說：

「像新店前一陣子發生事情，像老舊社區瓦斯管線，我們去日本，爲什麼他們要推動這東西，不只是地震，大家覺得地震好像不知什麼時候會發生，但老舊瓦斯管線一旦發生火災，竄燒是整個這樣從店裡燒出去的，所以都更是很重要的解決辦法。」

方里長三次提及瓦斯桶的老問題，連勝文卻始終問「管」不問「桶」，讓方里長情緒激昂，甚至紅了眼眶。因爲在他的生命經驗裡，根本無法理解一個老社區爲何與帝寶不同？爲什麼這裡從攤商到住家都用桶裝瓦斯？

這就跟貴族小學的老師給學生出的作文題目是〈我是清寒學生〉，結果有位學生寫著：「我家很窮，我家的總管很窮，我家的廚子很窮，我家的園丁很窮，我家的門房很窮……」既然這位學生這麼窮，爲何還要養總管、廚子、園丁、門房這些人呢？這位清寒的小朋友不懂，就像連勝文不懂瓦斯桶與瓦斯管。

•

不怕神一樣的對手，只怕豬一樣的隊友。在競選市長這一件事上，連勝文的生活經驗狹窄，不識民間疾苦還是小事；他的團隊裡只有跟班，沒有朋友，這才是麻煩所在。

二〇一四年八月十五日晚間，我接了三立《新台灣加油》的通告，主持人廖筱君擔心六位來賓裡，只有連勝文競選總幹事蔡正元一人會站在藍營立場講話，擔心節目變成「五個打一個」，還特別情商要我幫藍營出些點子。因此我提到連勝文的服裝，應該要有專人規劃。有衣著品味的政客，在台北市永遠有市場的，現在鄉土劇裡的演員，服裝也都很講究的。

美國的胖子比台灣更多，但美國政客們的西裝，卻一個比一個好看；就算是穿休閒服，也沒有一個會像連勝文接受《壹週刊》專訪時那麼邋遢，白白浪費那個版面。眞的，沒人想聽你連勝文哭窮訴苦，抱怨自己的一生充滿「皺褶」；但你有財力也有時間，能把自己打扮成胖子界的金城武，卻偏要在鏡頭前把衣服穿到一身充滿皺摺。就像七月二十六日連勝文到北投，穿著潮牌人字拖割稻一樣的矯情。

但是我話還沒說完，蔡正元就插嘴，一再強調連勝文平日穿著就是這麼隨興。唉！連勝文這樣還有救嗎？明明就是少林武當弟子，卻要穿丐幫污衣派的服裝來耍打狗棍。

你有金城武那種身材，想穿什麼就穿什麼，不會有人反對；或是你有阿扁那樣的出身，擁有基層的支持者，你那樣穿叫有親和力。但連勝文明明就不是，爲何一定要如此矯情，自曝其短的後果往往就是兩頭落空啊！

誰說有錢人不能選市長？紐約市長朱立安尼與彭博不也都富甲一方。誰說富二代不能從政？甘迺迪不就是富二代，老布希也是富二代，小布希還是富三代，不也照樣當上總統。

連勝文若將來還要選下去，就不要再裝窮，不要再開口。別人罵你是「神豬」時，你也不用耿耿於懷。在台灣的選戰裡，所有參選的政客不都是神豬？在競選的這段期間乖乖閉嘴，把橘子咬緊，樁腳們抬呀抬的，最後也就抬上去了。

是非皆因多開口，富二代不會說話，沒有政治歷練，這都不是問題。但若忍不住那口氣，一直想要開口，最後橘子掉了，神豬當下被打回原形，變成了豬，請問還有哪個樁腳要來扛抬？

選戰慘敗之後，連勝文若再不覺悟，未來再想從政，還是堅持不閉嘴，一定要裝窮，那就是請神仙來，也拉不回民心向背了。

連勝文 挺王批馬

現在不是大明王朝

林佩怡、張志清、林金池、闕浩正、陳芃／綜合報導

立法院長王金平昨天遭國民黨考紀會開鍘，國民黨中央委員連勝文傍晚5點到立院拜會王金平。他說，「現在是中華民國102年，不是大明王朝」，台灣是共和體制，國家的任何人都不能高過法律。雪中送炭的情誼，也令王感動到眼眶泛紅。

■2013年9月12日《中國時報》4版報導，馬王政爭最火爆時，連勝文痛批馬英九「現在不是大明王朝，任何人都不能高過法律。」讓連勝文聲望達到最高點。

連家爲什麼無法讓藍營支持者歸隊？

二〇一四年台灣九合一大選的選情冷清，而且不只是中南部選情冷清，即使是所有媒體焦點的台北市長連、柯對決，雙方傳統的基本支持群眾也意興闌珊，連勝文這邊尤其嚴重。

十一月十日《聯合報》刊載〈搶救連勝文，連戰出手了〉，提到選戰倒數最後三周，國民黨台北市長候選人連勝文仍陷入苦戰，連戰出手救子，深入眷村、國宅，向藍營軍公教感性訴求：「看到連勝文被對手抹黑很心疼，為黨、為子，無論再艱難，都義不容辭，要讓國民黨勝選。」連戰透過退休公職人員、公會系統的團結造勢大會，全面鞏固軍公教深藍基本盤，聲稱「無論再難，也要力挺他勝選！」

很多蛋頭學者唱高調，選舉就是要跳脫藍綠，但他們其實忽略了，台灣的地理位置夾在中美兩大強權之間，在島內高喊所謂的統獨，說穿了也都只是政客與一些無腦追隨者自己在喊爽的。

雖然政客高喊的統獨立場都只是口號，但藍綠支持者的核心價值觀，確實還是涇渭分明，雙方陣營若一定要逆勢推出不合「自己人」核心價值觀的候選人，選戰開打後必然就會變成這樣逆水行舟、事倍功半。

•

回到歷史上來看，每一個王朝的覆滅，關鍵也都不是當權者無力維繫規則（朝儀），而是油盡燈枯時，主子們連潛規則（默契）也守不住了。陳水扁第二任時如此，馬英九第二任時不也是如此嗎？一個執政團隊的崩潰瓦解，絕不在於對方陣營的猛攻，而是挑戰了自己陣營裡的核心價值觀。

外國人無法理解（甚至有些台灣人也不懂），二〇〇六年陳致中與老婆都已經到了美國，就跟後來的新光醫院副院長黃芳彥那樣，生完小美國人就賴在美國不回來，台灣遇到老美就自動矮半截，司法追訴自然「game over」了，什麼海角七億的不也就通通成了懸案，爲何一定要「自投羅網」？害得阿扁身陷囹圄，人家馬英九兩個女兒不也長期都在海外？

但這就是民進黨支持者從黨外時期就建立的潛規則，從戒嚴時代的黨外支持者就是這個想法，我們把政治獻金捐給「舞（武）政治的」（台語中沒有「從政」那麼文雅虛僞的用語），根本不會管他要怎麼用，本來大家就默許政客將一部分挪爲「安家費」，因爲即使是在戒嚴後期黨外搞選舉的，還是有坐牢的風險，阿扁不也「出國深造」過？

可是綠營支持者對「舞（武）政治的」（尤其職位高的），仍有兩件「天條」不能犯。一是兒子當美國人（更糟的是孫子是美國人）；二是錢不能放國外（更糟的是登記在兒子名下）。

所以海角七億未爆發前，阿扁會將兒媳兩人一起在選舉前召回，讓孫女當不成美國人，挺扁陣營才不致立即瓦解。就算之前紅衫軍的氣勢再大，綠營立委不至於潰散，阿扁仍穩坐「府」中。

可是後來阿扁不但把錢藏在國外，而且還登記在陳致中名下的消息曝光時，連長期挺扁且最死忠的台獨聯盟主席黃昭堂，也改口大罵陳水扁丟臉、是台灣之恥，要他去跳海。至於其他台獨學者如李筱峰、林濁水等人的批判，我就不多引述了。

爲什麼興票案裡宋楚瑜能做的事，海角七億時陳水扁就是不能做？這就是雙方陣營裡的潛規則不一樣。因此如今藍營想用「MG149」[1]帳戶打垮柯文哲，這是愚不可及的政策，反而讓綠營支持者的捐款更火熱。

傳統綠營支持者把對政客的捐款視同安家費，所以對如何使用並不關心，但對政客的家人有雙重國籍就無法忍受。相反的藍營支持者對政客的家人（甚至本人）有雙重國籍，標準就極寬鬆。

馬英九的女兒是美國籍、女婿不當兵，姊妹也全都在外國，自己與老婆也都被懷疑擁有綠卡，但藍營支持者不爲所動。甚至連勝文要等國民黨初選通過後，嬌妻蔡依珊才申請放棄加拿大國籍，可見雙方陣營的潛規則迥然不同。

•

回頭來說，二〇一四年的選舉，連勝文在藍營版圖最大的台北市，爲什麼始終無法穩住基本盤，關鍵就在於連家的買辦心態，與傳統軍公教警家庭差異太大，這差異甚至跨越了統獨。

1 二〇一四年首都市長選舉，國民黨指控柯文哲在台大醫院開設帳户貪污、洗錢與逃漏稅，但檢方調查後全案不起訴。

因爲大多數藍營支持者之所以反獨，原因並非促統，相反的是擔心急獨會導致中共武力犯台，造成急統的後果。簡單說藍營的反獨就是出於恐共，這種從DNA裡散發出來的恐懼，是綠營支持者永遠難以體會的。

所以陳水扁選市長甚至選總統時，能夠突破藍綠版塊的條件限制，口號用的也都是快樂希望，而不是什麼獨立建國。連勝文想用統獨議題逼出藍營基本盤，這個戰略是對的。但連家豢養的過氣政客與黑心奸商，整天跑對岸向中南海領導班子逢迎獻媚，大連艦隊的惡行惡狀，對傳統軍公教警家庭價值觀的衝擊，還大過於勞工或中小企業主的家庭。

連家無法喚醒藍營基本盤的關鍵，絕不是什麼權貴問題。藍營支持者的價值觀裡，權貴子弟從來就不是一個負面用語。台北市長馬英九是馬鶴凌的兒子、郝龍斌是郝柏村的兒子；新北市市長朱立倫是高育仁的女婿、周錫瑋是周書府的兒子；別說連戰是連震東的兒子，宋楚瑜是宋達的兒子；就連在初選時被連勝文打敗的丁守中，也是溫哈熊的女婿，藍營的支持者心態就是如此。但是請問一下陳水扁的爸爸叫什麼名字？謝長廷的爸爸又叫什麼名字？這不就是最明顯的藍綠差異嗎？

藍營支持者不排斥權貴子弟，但卻很講究按序排班的「朝儀」。所以管你天大的權貴，照樣也要排個班、過個水。因此馬英九選市長前當過部長，郝龍斌不但當過署長，還選過立委。

講白一點，就算老蔣要小蔣接班，全台灣（應該說是全世界）的人都知道他是太子爺，但小蔣還是要先當國防部副部長、再當部長、行政院副院長、行政院長；即使老蔣死了，都還要讓嚴家淦當三年虛位總統，最後才裝模作樣的正式登上大位。

連勝文若要選台北市長，幾年前甚至十幾年前，就該在台北市先選個立委，甚至這次當丁守中的副市長。但兩代公務員卻靠不義手段爆富的官三代，完全跳過「養望」[2]的階段，就像暴發戶般企圖沐猴而冠，這是在挑戰藍營支持者的基本價值觀。

2　意即培養虛名。

藍營無論是最狹義的外省眷村，到較廣義的軍公教警家庭，對於中共有著祖傳的恐懼與仇恨（綠營支持者則是無愛無恨也無感），所以即使大家抨擊馬金體制「賣台」，但相對於大連艦隊更誇張的公開賤賣，藍營基本支持者看在心裡，再笨也不至於無動於衷吧？

在這次選舉中，藍營支持者若眞的割捨了連勝文，馬金領導班子在面子上固然是掛不住，但基本支持者用選票逼領導者回到了核心價值，日後選舉只要提名的咖不要太遜，更不要挑戰支持者的核心價値觀，自然就能回到基本盤，對藍營的未來而言，又何嘗不是因禍而福呢？

搶救連勝文 連戰出手了

女眷赴市場、婦聯會拉票

【記者陳洛薇／台北報導】選戰倒數最後三周，國民黨台北市長候選人連勝文仍陷入苦戰，連戰出手救子，深入眷村、國宅向藍營軍公教喊話固票，連戰也感性訴求，「看到連勝文被對手抹黑很心疼，爲黨、爲子，無論再艱難，都義不容辭，要讓國民黨勝選。」

連勝文選情告急，連家總動員展開「絕地大反攻」。太太蔡依珊到市場拜票，甜美笑容及親和力，展現高人氣；母親連方瑀透過婦聯會、企業等系統拉票。國民黨榮譽主席連戰密集深入眷村、國宅，透過退休公職人員、公會系統的團結造勢大會，全面鞏固軍公教深藍基本盤。

「無論再難，也要力挺他勝選！」連戰透過友人表示，槍擊案後，「平安、快樂生活」是他們對連勝文最基本的期盼，但是看到連勝文心中無怨恨，懷著感恩心要回饋社會，要將市長薪水捐出來，不求名也不求利，感動了家人也進而支持他。

針對無黨籍北市長候選人柯文哲在連柯辯論說「我選的就是中華民國的首都市長」，並大聲回問那些打著中華民國招牌的人，「到習近平面前你敢大聲說中華民國嗎？」連戰反問，今年二月「連習會」，他當面就已向習近平提到應正視中華民國，「中華民國是資產，而非負債」，究竟是誰不敢說中華民國？

連戰辦公室主任丁遠超表示，前總統李登輝曾說，「正派政治人物，想的、說的、做的要一致」，用此標準評比柯文哲，「他（指柯）完全不一樣，這種候選人讓人放心嗎？」

丁遠超表示，柯文哲質疑連家是兩岸買辦，但「大屠殺」書中指柯涉及大陸器官人體買賣，柯雖拿出所謂作者葛特曼律師回函否認，但作者在美國、加拿大國會作證須宣誓屬實，柯的文件只是作者說明他是不錯的醫師，未否認國會作證內容。

相關新聞見A4

老爸出手

首都市長選戰白熱化，國民黨候選人連勝文選情落後在野黨候選人柯文哲，國民黨榮譽主席連戰近日密集深入眷村、國宅，親自出馬搶救兒子選情。 本報資料照片

■2014年11月10日《聯合報》1版報導，連戰出手救子，深入眷村、國宅，向藍營軍公教感性訴求：「看到連勝文被對手抹黑很心疼。」

迎佛牙的連戰怎麼會是基督徒？

眼看二〇一四的九合一大選就已「破月」，雖然地下賭盤與立法院長王金平，都看好民調至今仍落後的連勝文會勝選，但選情的冷清卻讓國民黨的操盤手難以樂觀，只好拱著連勝文「見廟就進，逢宮就拜」。

根據國民黨營的網路版《中央日報》報導：「十月三十一日是先總統蔣中正誕辰紀念日，連勝文上午出席『二〇一四蔣公誕辰為國祈禱早餐會』，他在致詞時表示，他家三代都是基督徒，也對基督教的理念非常熟悉，所以家人深信一句話『行公義，好憐憫』，認為應該以謙卑的心為社會服務，這也是為什麼他要出來參選的原因。」

其實早在一周前十月二十五日的《今日基督教報》也報導：「術後的連勝文，還有一段重建之路。嘴巴因槍傷無法自然開合進食，會因饑餓感到憤怒；槍擊案陰影揮之不去，夜裡因驚恐而無法入眠，那段時間需輔以安眠藥才能入睡。黑暗中的轉機，是碰到一位替他復健的基督徒醫生，送他一本聖經，上頭寫著：

『上帝是我們的避難所，是我們的力量，是我們在患難中隨時的幫助。』（詩篇第四十六篇第一節）連勝文說：『這句話其實我還記得，而這本聖經現在就擺在我的床頭上』。」

這兩段公開見證，是選戰開打以來連勝文面對媒體時，難得兩段得體的發言。然而我也要提醒連勝文，基督徒是不能作假見證的。尤其連勝文大學讀的是天主教的輔大畢業，碩博士又是出自基督教常春藤名校的哥倫比亞大學，不可能不懂《聖經》裡對基督徒的要求，就是摩西十誡的前幾句：「我是耶和華，你的神；除了我以外，你不可有別的神。不可爲自己雕刻偶像，不可跪拜那些像，也不可事奉他。」

基督教是一神教，沒有自稱基督徒卻還能去其他宮廟參拜的。我隨便從《中央社》二〇一四年的新聞裡檢索一下，就能發現連勝文是不是在說謊。

二月二日報導：

「國民黨中央委員連勝文是否參選台北市長引發關注，連勝文二日上午到木柵指南宮參拜時受訪表示，有計畫的話，過一陣子將會正式對外宣布。」

七月二十日報導：

「連勝文出席石牌福星宮關聖帝君繞境活動時，遭國民黨停權、以無黨籍身分參選連任台北市議員的賴素如也現身，兩人一同上香祈福。」

八月二十六日報導：

「國民黨台北市長參選人連勝文二十六日到行天宮參拜，吸引大批媒體到場採訪，連勝文離開前，雙手合十向身旁受影響的信眾致意。」

小說家魯益師（C.S. Lewis）曾說過：「不信神的人，不是什麼都不信；實際上更糟：他們什麼都信。」連勝文爲了拉抬選情，竟自稱「三代都是基督徒」，連勝文到底是不是基督徒？從指南宮、福星宮與行天宮的一路參拜，心裡最明白的人應該就是連勝文自己。

至於他的祖父連震東，一九五五年十一月日本送回所謂的三藏靈骨，引發南投、苗栗與台南三縣爭逐，最後落腳於日月潭，就是他祖父去恭迎的。但這件事發生在連勝文出生之前，可以睜一眼閉一眼；然而荒謬到連大多數佛教信眾也不以爲然的連戰「迎佛牙」事件，連勝文就不能裝糊塗了吧！

一九九八年二月佛光山在「印度國際三壇大戒」戒會結束前，住持方丈也是國民黨中評委的星雲忽然宣布，有四位流亡印度的喇嘛，給了他一顆從西藏來的佛牙，預定三月將送往台灣。但究竟誰送的？怎麼送的？過程原委星雲始終語焉不詳。

三月三日，星雲從泰國返台時，在中正機場又宣布，佛牙將於四月八日以專機運到台灣。三月二十四日，佛光山倉促成立的國際護牙委員會執行長慈容法師又宣布，總統府資政吳伯雄、高雄市長吳敦義等政府首長約一百六十人，將於四月七日乘華航包機前往曼谷迎接佛牙，而副總統連戰則會在四月九日率文武百官到中正機場恭迎。

原本星雲還意氣風發地宣告，四月八日佛誕節當天，將在曼谷大理石寺的全民跪送下，由密教高僧貢嘎多杰仁波切正式致贈，而泰皇與泰國僧王也都會來拈香禮拜。

結果四月七日星雲與吳伯雄、吳敦義等高官組成的赴泰恭迎佛牙團，人數已從原本宣布的一百六十人擴增為二百二十人。但四月八日的典禮上，原本廣告裡宣傳會來的泰國總理、副總理、僧王、曼谷市長等等，一個也沒出現，唯一上台致辭的就只是一位副僧王。

這下好了，牛皮吹太大是會爆掉的，但頭洗了一半也只能繼續洗下去，台灣這邊照樣裝成沒事，繼續把這齣戲唱完。

四月十一日國際佛光會在中正紀念堂廣場，又舉辦恭迎佛陀舍利顯密護國祈安法會。佛牙竟是由警車開道送來會場，政教不分到如此誇張的亂象，確實也是另類台灣奇蹟。最後副總統連戰還上香致辭，並同蕭萬長、星雲率領與會者，一起為星雲提倡的三好運動（說好話、存好心、做好事）宣誓。

•

撇開政教混雜的憲政亂象不談，雖然政治和尚星雲與國民黨連戰以下的黨政高層，將這顆來路不明的佛牙，吹噓得像是什麼無價至寶，但別說讀過韓愈《諫迎佛骨表》的一般民眾不信，佛教內部自己也是一大堆人跳出來吐槽。

對洛杉磯僑情稍有涉獵的人都知道，宣化上人、盧勝彥與星雲這佛教三大山頭間，原本就夙怨極深，《眞佛報》對佛牙事件因此冷嘲熱諷，宣稱要送星雲一條佛褲，還說：「佛褲比佛牙好，佛弟子輪流穿，只要一穿，保證往生西方。」

當然，佛教內部的宗派之爭，長期積怨引發的相互攻訐，十丈紅塵中的芸芸眾生不用太關心。可是學術界裡也有很多佛學史專家，認爲大張旗鼓迎回的佛牙不過是顆假貨。《南海菩薩》月刊主編宗山在該刊總一七九期撰文指出：

「根據佛教的史籍和星雲法師監修的《佛光大辭典》中記載，目前世上可知的佛牙只有兩顆，分別供養在斯里蘭卡的佛牙寺和北京的佛牙舍利塔。然今突聞星雲法師說世界上有第三顆佛牙，且欲迎供到台灣。」

宗山還舉藏傳佛教著名的多羅那他《印度佛教史》，書中也不見有「佛牙」一詞爲證，認爲西藏從來就不曾擁有過佛牙。

佛教史學家江燦騰評論起來就更不客氣了，他在《自由時報》、《台灣日報》等報及電視新聞受訪時說：

「不論從實物或文獻來看，都沒有所謂的第三佛牙存在；西藏佛教沒有佛牙崇拜的傳統。因此，第三顆佛牙是沒有任何歷史證據的。」

江燦騰甚至點名反駁吳伯雄：

「作爲一位佛教歷史學者的我，面對反智的認知言論，以及明顯作僞的歷史證據，我若不發言，舉世的佛教學者乃至後代的子孫將嘲笑：我們當代的台灣佛教界沒有一個明眼人！然後，等著看連副總統、蕭萬長院長等人，迎假佛牙鬧國際的超級大笑話。」

•

星雲等人對於這顆佛牙的來歷，最初還有點煞有其事地有一套說詞。例如《中央日報》最初說這顆佛牙曾藏在西藏布達拉宮，後來又由自稱保存佛牙三十年的貢嘎聲言，原藏印度那蘭陀寺，由西藏國王丘極泊巴迎請到西藏，供奉在薩迦遮楚秋的囊極拉齊寺，文革時該寺被毀，貢嘎是在一九六八年一次朝聖中意外撿到佛牙輾轉送到印度的。四月七日《中央日報》乾脆宣稱：「西藏人民大都知曉有佛牙曾存在西藏。」

佛光山與國民黨說得頭頭是道，偏偏人家西藏流亡政府不願配合演出。四月十日到東京參訪的達賴，在回答記者問到關於佛牙來歷時，卻比馬英九更早說了這句話：「我也是從報上才知道這件事的。」到了五月二日，達賴竟在美國對記者說：「我還沒有辨識眞假佛牙的能力。」達賴的這兩巴掌，讓星雲與國民黨都受傷不輕。

《中央日報》原本宣稱：「西藏人民大都知曉有佛牙曾存在西藏。」偏偏達賴不知道，而江燦騰說：

「玄奘留印長住那蘭陀，從未聽聞寺中有佛牙之事；何不翻看著名的《大唐西域記》和義淨的《南海寄歸內法傳》，看能否找到那蘭陀寺有佛牙的記載？假如沒有，那星雲大法師必須拿出新證據，否則即撤謊欺騙社會。」

對於達賴的耳光，星雲只能忍辱吞下，但對江燦騰這種學者，星雲就直接開罵了：

「佛牙是十二位德高望重的仁波切聯名保證的，江燦騰他不採信，那要信什麼？請問江燦騰的學術地位，是由誰來肯定的呢？」

星雲的「見笑轉生氣」，讓中研院研究員瞿海源也加入戰局，四月七日在《台灣時報》說：

「就算佛牙是神聖的，但也不能說就不必有證據。迄今支持者的說詞再繁複，甚至強詞奪理也都無法證實佛牙是眞。對於佛牙眞假的爭議，星雲法師理不足以服人，卻對發表學術見解的學者身分質疑，是很要不得的虛妄。」

政教合一下的這顆佛牙，迎拒之間也攪亂了原本就已山頭林立的台灣佛教界。法鼓山聖嚴法師公開宣布沒時間關心；慈濟的證嚴法師自己不去，但派了部分弟子去「打個卡」：中國佛教會理事長淨心法師只去了機場。

四月八日，連戰在中正紀念堂前恭迎佛牙時，北京的中國佛教協會負責人透過新華社說：

「在西藏地區從來沒有釋迦牟尼佛牙的文字記載和說法，歷代的達賴和班禪從來沒有談及在西藏有佛牙之事。這第三枚佛牙我們不知從何而來。」整天跑北京朝聖促統的星雲與沒選上總統後的連戰，又被北京打了一記耳光。

星雲自己掛名監修的《佛光大辭典》，期中的「佛牙」條目下，也沒記載這顆佛牙。在帝制時代唐憲宗迎佛骨，尚且被韓愈說成是「其身死已久，枯朽之骨，凶穢之餘，豈宜令人宮禁？」那麼連勝文口中家裡「三代都是基督徒」，其父親連戰恭迎而來的佛牙又是什麼？我引瞿海源說的話做爲結論：

「佛牙有什麼神力來解救這個富裕而貪婪的社會？人心也不會因一時的傳教而有所改變，更何況主事的僧俗本身的身心，又何嘗是正的？是善的？」

祈安法會政要雲集

連戰強調迎佛牙是心靈改革

蕭萬長指佛舍利來台是全民喜事　吳伯雄駁斥迷信說法　指因怕被批評而不敢去迎接的才是政客

【記者呂理德台北報導】副總統連戰、行政院長蕭萬長等數十名政要十一日全程參與「恭迎佛牙舍利顯密護國祈安法會」，連戰說，迎佛牙是心靈改革，也能提倡純正信仰。

昨天出席法會的政界人士，包括海基會董事長辜振甫、總統府資政吳伯雄、法務部部長廖正豪、交通部長林豐正、國策顧問蕭天讚、國民黨社工會主任李本仁、僑委會副委員長洪冬桂、立委羅福助、沈智慧、徐少萍、林明義、潘維綱等人。

連戰在致詞時首先提到，李總統今天另有公務在身，未能在場共襄盛舉，特別交代他向星雲法師及與會信眾致意。他同時指出，迎佛牙的意義之一是推動心靈改革，因為佛陀是道德圓滿聖人，迎佛牙可激發見賢思齊，反省觀照。

連戰強調，迎佛牙舍利，也具有教育意義，可以提倡純正信仰，促進社會安定，增添生活美滿。

蕭萬長說，李總統有感於當前社會許多脫序現象，乃發起心靈改革力量，希望結合社會力量，找回社會良知，重整道德，特別是借重宗教潛移默化的功能，安定社會淨化人心，而佛舍利來台，不但是佛教界的盛事，更是二千一百萬人民的喜事。

【記者呂理德台北報導】總統府資政吳伯雄十一日在「恭迎佛牙舍利顯密護國法會」駁斥迎佛牙是迷信的說法。他表示，心中有佛，佛牙就是真的。

擔任中華佛光總會會長、也是此次恭迎佛牙團團長的吳伯雄說，某些人心不一樣，就會有不一樣的解釋，許多人看著國旗會發自內心的熱淚盈眶，因為他們心中有國家，同樣的道理，許多信徒膜拜木刻或石雕的佛像，主要是因為他們心中有佛，對木刻的或石雕的佛像都如此，更何況佛陀真身的佛牙舍利，所以迎佛牙，絕對不是迷信。

吳伯雄表示，絕大多數的民眾都肯定這一次迎佛牙的意義，但就是有少數人散播不同的論調，尤其是某媒體的一幅漫畫以諷刺口吻說「佛牙真有力，將政治人物變成了政客」，「政客」中，第一人畫的就像蕭院長，最後一名禿著頭的「好像就畫吳伯雄」。

對於該漫畫，吳伯雄相當不以為然表示，他家族三代禮佛，如果他因為怕遭到別人批評而不擔任佛光總會會長，而不敢去迎接佛牙，那才是真正的政客。

他同時強調，在今天的法會中，沒有副總統，沒有院長，沒有政治人物，沒有高官顯要，只有一心向佛的人。

政要參拜——總統府資政、中華佛光總會會長吳伯雄（右二）昨在祈安法會中，向佛牙舍利唱香讚，一旁的副總統連戰（左三）、行政院長蕭萬長（左二）、總統府資政辜振甫（左一）則雙手合十祝禱。針對外界批評政治人物參與，吳伯雄稍後致詞時表示，不敢迎佛牙才是政客。（張良一攝）

法會洋溢歡喜心　一片祥和

知名人士、華航員工、國內外民眾　聚在一起

【記者呂理德台北報導】在十一日迎佛牙法會中，有不少社會知名人士，也有市井小民，更有來自美、日、澳等地民眾，場面相當壯觀，會場上則充滿祥和之氣。

知名藝人白冰冰昨天穿著一身素色緊身禮服到達會場，並全程參與法會，穿梭在會場上幫忙。白冰冰說，希望藉由迎佛牙，讓社會人心安定，社會更祥和，在法會活動中，白冰冰也數度為愛女白曉燕落淚。

近百位華航員工走入會場，也引起注目，她們坐在座位上，替華航空難亡故的員工與乘客祈福，更希望華航能擺脫大園空難事件的陰影。

華航董事長蔣洪彝雙手合十的與民眾一起誦經，他說，華航A300飛機可以擔任此次迎佛牙的任務，可以向外界說明華航的安全，破除外界的不信任，他希望社會能夠再給華航一次機會。

在昨天的法會現場，不少老阿媽帶著孫子，也有不少信眾全家出動，甚至小嬰兒也一起與爸爸媽媽參與這場盛會。他們都認為，社會到處充滿了暴戾之氣，而在法會中，大家都懷著善心及辦喜事的心情，祥和笑容處處可見，希望能把法會的精神傳播到社會每一個角落，化解暴戾之氣。

【記者呂理德台北報導】佛光山總會十一日表示，佛牙舍利目前先行暫時在台北佛光總會道場供奉，十二日起開放各界人士膜拜結緣，三個月後，就將要迎回高雄佛光山供奉。

看問題　李小芳

人心之變與宗教之變

近年來流行的人類趨勢學，有一派對宗教世紀上一筆，認為公元二千年之後，宗教將更蓬勃，且會有此消彼長之異動，情況可能不是目前所能想像的。

觀察最近幾天台灣的宗教活動，確實能做若干的說明，宗教之深入人心，引起的話題，均非宗教大師和政治人物始料所及，進一步而言，台灣社會和宗教的互動正起變化，而這些變化，可能是人心之變，也可能是宗教之變而引起。

宗教之「變」，在趨勢學者之看法，乃宗教為了擴充勢力，已經學會採取現代化的行銷手法，使宗教更深植人心，因此佛教的迎佛牙活動、天主教的主教會議，本質在為社會之善之外，其實也是一種宗教的推廣活動，只是，宗教信仰者不往世俗方面思考，才與無信仰者起爭議。

觀察目前影響力大的宗教都能和人民生活打成一片，或許這就是趨勢專家預言宗教有消長的理由，但是，宗教的涵養是日久天長的，能有長久的感動的宗教，終究深為人類喜愛。

單國璽將主持亞洲主教會議

指迎回佛牙是宗教儀式　能否因此使社會安定　大家仍要深思

■1998年4月11日《中國時報》3版報導，副總統連戰全程參與佛光山星雲的迎佛牙活動，但連勝文在選戰期間為拉票卻謊稱三代都是基督徒。

我好討厭這可惡的狗東西！

不顧國人觀感與馬英九怒斥「偏離國家立場，有負國人期待，感到非常痛心與遺憾」，仍堅持赴中參加習大大[1]「封禪大典」的國民黨前榮譽主席連戰，二〇一五年九月三日又匆匆返台。

出身買辦家族，三代公務員卻成爲台灣十大首富，如今大量財產與特許事業在對岸，因此無論如何也一定要去封禪大典上打個卡給習大大看，這個動機大家都不難想像，連戰要敢不去才奇怪。

但現在問題來了，連戰堅持赴中獻媚，習大大當然會給他固若金湯的嚴密保護；可是封禪大典過後沒幾小時，連戰再笨也不可能不知道，他觸及的是台灣人民共同的底線。

藍綠統獨對峙的台灣，近年來難得出現的共識，就是對三代買辦家族的唾棄，以致連二〇一四年九合一大選裡，仍覺得連勝文很可愛的眷村老杯杯，如今也罵起連戰了。連爺爺這時候回來（指回中國大陸），豈不是要被口水淹死？連爺爺究竟爲何一定要「敢」在這時回來？他不能不回來嗎？

大家請看連習會與封禪大典上，藍營其他拿香跟拜的菸商郁老明、喬王秦黑生[2]等等，都沒人攜眷參加的，獨有連老阿舍要帶著老婆在那裡裝可愛。因爲他心裡也明白，八十歲的老人幹這種窩囊事，名聲早已掃地，唯有向習大大獻媚託孤，讓他的兒女在對岸也賣點假藥，繼續賺點黑心錢。

果然新聞也已見報，九月五日連爺爺要包下信義區艾美酒店三樓的宴會廳，舉辦金婚宴會，藍營要員與各地買辦掮客都已收到請柬。

人之將死，其行也善。快去見兩蔣的連爺爺，對老婆好一點也是應該的，不然挨了半世紀「還我漂漂拳」的未亡人一定死不瞑目。

•

很多人原本不解連戰爲何會去對岸演這場鬧劇，就像當年擔任省主席的連

1 鄉民用語，指中國第五代領導人習近平。
2 鄉民用語，指新黨郁慕民與親民黨秦金生。

戰，竟是台灣最早非法聘僱菲傭的家庭。還因家中非法引進的菲傭迷路，被送至警局由方瑀領回而見報，成爲綠營立委砲轟的話題。

一九九三年三月四日，立委林正杰質詢時就指出，行政院長連戰在省主席任內，以其子連勝文名義向行政院勞委會申請外籍監護工一名，於一九九二年六月十八日甫獲勞委會以台（八一）勞職業字一九三四九號文核准；但連院長早在一九八九年即已僱用外籍女傭，也就是在勞委會正式開放合法引進外籍女傭之前三年，違法開社會風氣之先，顯然有違政治誠信原則。

連戰家裡這麼有錢，雇十個台傭也不成問題，爲何要冒違法的罵名，搶著雇用菲傭？答案在二〇〇四年二月十九日揭曉了。

前總統府顧問林福順[3]寫信給民進黨立委蕭美琴，指稱連戰當時是台大政治系客座副教授，兩人是同事又是鄰居，都住基隆路三段的台大宿舍。

由於陳、連兩家雇用的下女都操台語，兩人私下用台語聊天時，常提到連戰夫妻感情不睦，因此頭家總是趁機對頭家娘練上幾回的還我漂漂拳。後來連家發現練拳的消息外傳，深恐影響仕途，爲了防止台灣女傭閒聊時，不愼透露連家特有的深閨情趣，當然還是雇用非法打工的菲傭安全一點。

其實連戰苦練還我漂漂拳，戒嚴時代在黨外雜誌裡已不是「新聞」；但眞正拿到國會殿堂與電視節目裡說嘴的，卻都是藍營的政客。無論是這次一起去中國「面聖」的新黨郁慕明，或是二〇〇四年與他一起搭檔的副總統親民黨大內高手宋楚瑜，甚至比統更統的李敖，當年他們對連戰多年來苦練還我漂漂拳的敘述，一個比一個還直白。

一九八八年六月二十三日，國民黨立委紀政向立法院法制委員會提案，邀行政院組織法研修小組負責人，專案報告體育組織型態問題。紀政希望召集人行政院副院長連戰能前來報告並備詢，但連戰卻缺席，氣得當時的國民黨立委黃河清批評連戰：

「主席溫錦蘭和提案人紀政都是女性，連戰是大男人主義者，連自己的老婆都敢打，怎麼請得動他來？」

3 南投人，一九二八年出生，台大法律系畢業，哈佛大學碩士、紐約大學博士，一九六八年至一九七〇年任台大政治系主任。

媒體記者聞訊後採訪方瑀，在接受台視採訪時，方瑀對黃河清破壞他們的家庭形象，提出嚴重抗議；並要求黃河清公開道歉，否則將採進一步行動。黃河清得悉後也暴跳如雷，認爲方瑀侵犯他的言論免責權，還對記者說：「無歉可道」。

至於立場尷尬的連戰，面對老婆與立委在電視上透過記者的訪問在對嗆，在記者們的頻頻追問下，只說了四個字：「不予置評」。

•

但黃河清說連戰精通還我漂漂拳，並非當著連戰或方瑀的面，而是在記者交叉訪問時對嗆。眞正在立法院當著連戰的面，點名他精通還我漂漂拳的立委，則是新國民黨連線的周荃。

一九九三年二月二十二日，在行政院長被提名人連戰的審查會上，周荃質詢被李登輝提名閣揆的連戰說：「台大醫院有你打老婆的紀錄，實情如何？」連戰在答覆時表示：「我的家庭幸福美滿，可以說是模範，君子之道就是肇端於夫婦關係。」

周荃聽了後大怒，再追問連戰是否在合法開放之前，即僱用外籍女佣？連戰答覆時也情緒激動，一度還推說：「委員說得太快，我記不清楚了。」並未正面答覆這個問題。

現在的長壽菸商郁老明，雖與連戰同是習大大封禪大典座上賓，當時卻還幫同是新連線立委的周荃叫陣：

「委員的問題，連戰稱是天方夜譚，但外界一直如此傳說，周荃提了，也是給連戰說明的機會。」

•

二〇〇〇年總統大選前，新黨提名的候選人李敖，在一九九九年八月三十一日的電視節目《大家來審判》裡說：

「我好朋友的好朋友住連戰家對面，過去曾看見連戰一進門就打老婆；我自己一向講證據，說話有公信力，我說連戰打老婆就是打老婆。」

李敖還說：

「連戰是個太平官，他沒有資格當總統，他根本不曉得民生疾苦，我們承認他是個好人，他也非常厚道，除打老婆外，沒有什麼缺點，但這個夠嗎？這個不夠。」。

李敖再加碼點評：

「別人打老婆不可以原諒，但連戰可以被原諒，因爲他的老婆實在該打。」

•

除了《立法院公報》裡有立委爆料，電視上有李敖大師認證，二〇〇四年曾是連戰選總統時的副總統搭檔宋楚瑜，在二〇〇〇年自己出來選總統與連戰對陣時，三月八日在「女人紅透半邊天」的婦女節大遊行公開演說時提到：

「重視婦女權益要從尊重女性開始做起，不能選舉時說反對家庭暴力，平常照打不誤。」

宋楚瑜還揶揄連戰：

「宋家跟張家，沒有家庭暴力！爸爸不但不打媽媽，也不打小孩。同時另外一方面，不會平常把我們家的那一口子當作草，選舉的時候來當一個寶。」

另外連戰的「國師」李建軍（大陸特異功能師）在《我的台灣路和連戰的總統運》一書中也曾經爆料，連家的前家臣兼方瑀閨蜜朱婉清說：

「我敢說，這世界最瞭解他（連戰）一切的，就是我。他如果將我一腳踹開，他也不要想有好日子過，我會把他打老婆、養情婦和見不得人的黑錢來歷全部攤在陽光下照一照！」

朱婉清還說：

「連主席在一般情況下很冷靜，但在家總會突然的衝動，連夫人經常給他打，而且他出手很重，搞得連夫人幾天不能出門。」

•

當然，對於連戰精通還我漂漂拳最精采的敘述，就是二〇〇四年《壹週刊》一四四期刊載〈連惠心私密信件，驚爆連戰打老婆〉一文，披露十四封連惠心過去就讀美國學校期間寫信給友人的陳年書信，連惠心還爲此控告《壹週刊》僞造文書，聲明不曾寫過那樣的文字。

但因《壹週刊》引用前曾委請專家進行筆跡鑑定，並自認確信爲連惠心所寫。而法官認爲《壹週刊》的查證工作與認知並無悖於一般經驗法則，在有合理查證及無侵權之故意或過失的情況下，判決連惠心敗訴。

根據當期《壹週刊》報導，本月十九日連戰打老婆說發酵後，一位消息人士因不滿連戰未說實話，決定提供十四封連惠心念美國學校時，寫給他親人Jane（化名）的書信。Jane與連惠心是美國學校同學，兩人曾無話不談，後因故漸行漸遠，Jane目前住在美國。消息人士並提供四本美國學校的同學錄，證明兩人確爲同學。

《壹週刊》指出，這些信撰寫時間從一九七八年到一九八一年（連惠心當時十二歲到十四歲），都是原件，有完整成套的信封、信紙，以及當時的郵票及郵戳，信末連惠心署名「Arlene Lien」，寄信住址是敦化南路一品大廈連家住址；《壹週刊》並已請專家鑑定筆跡，發現這些書信可信度極高。

根據《壹週刊》的內容表示，連惠心在一九八〇年七月二日、八月七日寫給Jane的信中明確寫下對「爸爸打（beat）媽媽」的憤怒。唉！看來愚拙的我們，無論怎麼絞盡腦汁想罵連戰，都不如這個二歲當自耕農，長大賣假藥的天才少女，當年信中的這一句：

「我討厭我爸爸，一天比一天討厭。我好討厭這可惡的狗東西！」（I hate the damned bitch so much!）

壹週刊爆料

24年前給友人信 披露爸爸打媽媽

連惠心：信不是我的筆跡

雜誌刊出英文信 寫著對連戰的抱怨 連惠心說太離譜 告壹週刊總編輯

【記者陳志平／台北報導】昨天出刊的壹週刊爆料，刊出藍營總統候選人連戰的女兒連惠心廿四年前給友人的信件，內容披露連戰確實打老婆連方瑀。

壹週刊的報導指出，該週刊取得連惠心念台北美國學校時，寫給同學Jane的十四封英文信件，信件中連惠心明確寫著連戰毆打連方瑀，壹週刊並翻譯了所謂連惠心在信中對友人對連戰的抱怨，指連惠心表示「我討厭爸爸，一天比一天討厭。我好討厭這可惡的賤人（壹週刊將bitch譯作賤人）」。

壹週刊並在報導中表示，經該週刊查證，該十四封信的收信人，確實是連惠心就讀美國學校的同學；該週刊經「權威筆跡鑑定專家」比對，認為信件筆跡與連惠心在美國學校的同學錄上簽名「原則相符」；此外，信封上的發信地址，是連家現住一品大廈在十三年前整編前的舊址，且信件的郵票與郵戳都相當完整，難以偽造。

至於該信件持有人Jane，據週刊說法，Jane因故與連惠心漸行漸遠，目前居住在美國。

【記者劉峻谷／台北報導】總統候選人連戰的女兒連惠心，昨天下午到士林地方法院自訴壹週刊總編輯裴偉誹謗、偽造文書。她否認寫過壹週刊報導的信件。

連惠心另一件自訴壹週刊有關她割雙眼皮的報導涉及誹謗案，昨天下午也開庭，法官勸雙方和解後即退庭，希望下次開庭兩造能提出和解的條件討論。

連惠心昨天下午五時十分由立委黃昭順、李永萍陪同抵達士林地院，自訴壹週刊。她說，平常最懶得寫信，不會寫信給同學提到家中的事，也不認識壹週刊報導中的Jane，壹週刊刊登的信根本不是她的筆跡，「太離譜了！」

連惠心出示一張她抄錄一段英文報導的字跡供記者拍照。她說，歡迎各界人士拿去與壹週刊刊載的信比對筆跡。她指出，壹週刊偽造信件，嚴重傷害她和家人，造成重大的精神損失，她將求償撫慰金。

她還表示要控告民進黨負責文宣的「那幾個人」，但沒有指名是誰。稍後她說，考慮幾天後再決定要不要控告那幾個人。

另一件連惠心自訴壹週刊誹謗案，昨天下午近五時第一次開庭。連的委任律師張炳坤表示，一百廿三期壹週刊第四十二頁報導整形醫師潘扶適為連方瑀整容，也為連惠心割雙眼皮，是不實的報導。連惠心表示，她沒有割雙眼皮，也不會到過潘的診所。

信不是我寫

↓連惠心昨天在連宋競選總部舉行記者會，出示她的英文筆跡供外界比對，以證明壹週刊刊載的英文信並非她所寫。記者游順然／攝影

字再寫一遍

↓壹週刊昨天刊出一封英文信件（上圖），指這封信是連戰女兒連惠心在十二歲到十四歲時寫給友人，提及父親打母親，並表示「我討厭爸爸」。連惠心否認曾寫過這封信，並公開以英文寫下與壹週刊相同的字句（下圖），以顯示她的字跡不同。

「信的內容 沒

連惠心強調很少寫信 英文沒這麼差

【記者陳志平、李鋅鋼、林重鎣、留鳴、陳秋雲／綜合報導】總統候選人連戰的女兒連惠心昨天提出十大疑點，指控壹週刊刊載她控訴父親打母親的信件，全屬捏造。她並且當場抄了一段壹週刊刊載的信件文字，證明她的筆跡與壹週刊刊登信件字跡差距極大。連惠心說，這件事非常荒謬，不知道對方是在寫肥皂劇，還是寫章回小說，簡直是匪夷所思。

連戰昨天上午針對連
時表示，他的家裡沒有
題，所有的問題是陳水
的。

連惠心昨天則分別在
反駁壹週刊的報導。她
加競選活時表示，這些
不對，連筆跡都不對，
怎麼搞的，是不是看了
小說，還是想像力大發

壹週刊：都經查證

稱14封信 地址是真 提到的事 確有

【記者曹銘宗／台北報導】壹週刊總編輯裴偉昨天指出，連惠心的寫連戰打老婆信是真的，信中提及的人與事也經查證過，國民黨與連惠心要告壹週刊，「沒有什麼好告的」。

裴偉表示，壹週刊在獲知有一批當年連惠心寫給好友的信件後，找到了當事人，並得到當事人同意刊出，當事人寫了授權書，並沒有要求報償。

裴偉說，當事人曾猶
些信件，最後決定公開
但壹週刊不方便講出來
出，一個月也曾拿到其
，經鑑定後發現筆跡不
壹週刊掌握的十四封信
件，有的信件已泛黃、
郵票、郵戳、發信地址
裴偉說，壹週刊進行

■2004年2月26日《聯合報》4版報導，剛發行的144期《壹週刊》踢爆，連惠心少女時期曾寫英文信給閨密，控訴連戰打老婆，證實了多年來政壇的傳說。

方瑀的第一張個人專輯

據二〇一五年九月六日《自由時報》〈無視場外嗆聲，連方瑀high唱十二首歌〉報導：

「前國民黨主席連戰夫婦昨晚舉辦八十大壽及五十週年金婚晚宴，場外有群眾抗議，但……據與會者轉述，連戰昨晚心情特別好，『絲毫沒有受到閱兵風波的影響』，談話時隻字未提閱兵風波；連方瑀則從晚上七點唱歌到八點，唱了十二首歌。每位賓客離開時都拿著伴手禮，當中有壽桃及包裝精美的連方瑀個人演唱專輯，專輯名〈海內存知己，天涯若比鄰〉。」

同一天《聯合報》則刊出作家朱宥勳〈連方瑀和她的好家人們：新世紀文學家族的誕生〉：

「……而在九月四日連家洗版的這批文章當中，最有意思的當屬連惠心的〈來自子女的祝福——唱頌到永遠〉一文。重點不在她寫得有多好，而是開頭實在太有微言大義：『媽媽愛唱歌，這是我們從小到大不得不接受的事。幸好這幾年，在爸爸的鼓勵之下，她開始尋找比較適合自己的歌路：古詩詞。』這『不得不』一詞用得巧妙，尤其在我搜尋Youtube的連方瑀現場獻唱片段之後，更知其中蘊含的人生況味，證明連惠心和我們應當都有差不多正常的耳朵，辛苦她了。」

到了九月八日《聯合報》再加碼〈五十金婚趴開嗓，連方瑀出「輯」第三發〉：

「這張CD〈海內存知己，天涯若比鄰〉連方瑀詩詞歌曲輯三，……《壹電視》記者還拿著CD到街頭讓民眾試聽，大多人都聽不出來是連方瑀的歌聲，有人評給五十分、七十分，也有人說以官夫人來講算不錯的！但當記者問：『她可以出專輯嗎？』，民眾也率直的回說：『那你在開玩笑了，這要賣給誰呀？』其實，民眾千萬別擔心要賣給誰！因爲這張專輯原本就是只送不賣，是連爺爺金婚宴送給賓客的獨家伴手禮。」

雖然媒體不分平面電子，立場也不論統獨，只要不是失聰記者，都對「女技安」的歌聲冷嘲熱諷，甚至把郝龍斌、朱立倫與郭台銘等人的缺席，也牽拖到這十二首歌上。逼得我這人肉版小叮噹，不得不再次打開時光機，提醒各位年輕的記者「捧友」們，這次驚天地泣鬼神的非賣品，雖是連方瑀的第三張個人專輯，但方瑀的第一張個人專輯，其實早在二十五年前就問世了。

•

一九九〇年六月三日《聯合報》三十二版的綜藝新聞〈放眼大陸，少碰歷史傷口，紀念六四晚會歌手裹足不前〉報導裡提到：

「爲紀念六四天安門事件而定今晚舉行的〈海棠血淚歷史傷口晚會〉，雖然廣邀唱片界參與，但除了巴戈、馬兆駿、張雨生，還有邰正宵、劉錚、李麗芬、方瑀、劉偉仁及藍白、上揚、歌林和新格等唱片公司的歌手。多數歌手因『放眼大陸』而裹足不前，與去年灌製唱片〈歷史的傷口〉濟濟一堂的盛況不可同日而語。」

很多人也許嚇了一跳，方瑀那時爲何是與馬兆駿、張雨生與邰正宵並列的歌手？這幾年自走式沙包出了什麼狀況？莫非還我漂漂拳不只能整容還會倒嗓？

一九九〇年不就是六四天安門事件的次年？爲什麼當年她在抗議天安門前的解放軍屠殺學生，如今卻又去天安門上參與閱兵？那些年，我們夢中情人的歌手，爲何變成了今日要強姦大家耳膜的女技安？

這一切，當然又是一場美麗的誤會。據《黑膠電影院》部落格〈方瑀《旁邊的旁邊是你》險被連方瑀告〉裡的記載：

「每次翻出方瑀《旁邊的旁邊是你》專輯，就會想起她因與前副總統連戰夫人連方瑀同名被告的話題新聞。

記得一九八九年當時可登唱片兩大老闆陳復明與曹俊鴻，因爲對未來的唱片經營方針發生歧見，曹俊鴻因此另組派森唱片，……隔年派森改打新人牌，第一位主打的便是與連方瑀同名的方瑀。

方瑀首張專輯《旁邊的旁邊是你》並非由曹俊鴻親自製作，而是交由現今爲選秀節目《超級偶像》的評審林隆璇製作。……方瑀這張也有點像是「女版鄭知明」唱著一些暗戀的歌，文案也特別從主打歌《旁邊的旁邊是你》發想：

「在每一個人的生命裡，總有一些『旁邊』的故事。小時候，或許『他』是個旁邊班的小男生，而妳只是遠遠地望著他，沒有想到還會有其他。大一點，也許『他』是那個每天搭同一班公車上學的男孩，而妳只是在等車隊伍之間，從課本的邊緣偷偷瞄他。後來的『他』，可能和妳隔著幾張位子，你們認識，可是妳總是把自己藏起，仍然沒有說一句話。」

《旁》曲也是全張最值得推薦的歌，只是總覺得不是很適合方瑀唱。畢竟方瑀長得並不差，只是我總覺得她的臉美雖美矣，辨識度卻不高。文案說『她的容顏、聲音介於古典與現代之間，帶著淡淡的美麗與淡淡的哀愁。』換句話說，也很難去定位這樣的歌手，該用怎樣的聲音去面對聽眾。……但一切就在連方瑀要求方瑀改名的官司開始改變。

本來方瑀即將淹沒在當時眾多發片的新人中，時任台灣省主席的連戰夫人連方瑀，不滿方瑀利用她的名字炒做話題，運用各種關係希望方瑀改名字。方瑀的本名好像是叫周方瑀還是什麼的，但派森唱片認爲方瑀簡單好記，堅不改名，連方瑀憤而要提告，最後在官司壓力下，方瑀落淚改名。經此事件後，方瑀本人無心再戰歌壇，成了一片歌手，日後也未再聽到她的相關消息。」

其實這段關於歌手方瑀的記載，去年連勝文選市長時也曾在PTT裡出現，不過所載內容與當時我所看到的報導略有出入。一九八〇年代初期，我姊姊在光美唱片任職，後來轉往電影公司，所以對當年這些演藝圈八卦還有點印象。

一九九〇年三月這位被記者暱稱爲「小方瑀」的歌手，本名根本不叫什麼周方瑀，而是叫袁美莉（一九六六年生）。而連方瑀當時也還不是省主席夫人，應是外交部長夫人。

原本唱片公司希望袁美莉用本名發片，但被她拒絕；而唱片公司想用諧音爲她取個藝名，還是不被她接受。當時影視圈最紅的有華視《連環泡》裡的「中國小姐」方芳、其他歌手像是方芳芳、方文琳與方季惟等人也都當紅，唱片公司認爲「方」這個姓氏很吉利，因此定名爲方「禹」；但後來又因筆畫與恐怕太過陽剛，所以再改爲方瑀。公司與歌手都堅稱，專輯發片前並不知道有方瑀這個人。

但唱片公司狡辯沒聽過方瑀的說法未免也太瞎，方瑀是第三屆中國小姐，在美國長灘舉行的國際選美中獲得第六名，還獲最佳本國服裝獎和演說獎。即使後來嫁入豪門，生了四個小孩，還是在台視製作並主持《圍爐夜話》，又常在副刊上發表文章，色藝雙全的根本就是「侏儸紀小S」（可惜就是歌聲也與小S有得拚），那時方瑀的知名度恐怕比連戰還高吧？

冠了夫姓的連方瑀，自認姓名權遭受侵害，就委託律師向袁美莉與派登唱片寄出存證信函。面對記者採訪，她淚眼潸潸的泣訴：

「我好端端地在家裡帶小孩，擦地板，做我的家庭主婦，突然有一個人使用我的名字，我乾脆到內政部登記改名算了，不過這個名字是我的父母給我的。」

最後語帶哽噎地說：

「有這麼漂亮的一個女孩用我的名字，我應該覺得很光榮；但我不能爲她未來的可能行爲負責。好筆劃的藝名很多，何必一定要與我同名同姓呢？」

但另一方面小方瑀面對記者採訪時，也是自認委屈而數度痛哭，原本計畫赴澎湖拍外景，也因情緒無法平復而被迫取消。派森公司委託律師研究連方瑀的存證信函，認爲在法律上無權禁止他人取相同的藝名，但會尊重對方意願，考慮把歌手方瑀改回本名；不過最後《旁邊的旁邊是你》還是以方瑀之藝名發行。

如今小方瑀（袁美莉）已淡出歌壇多年，若是聽了連惠心筆下描述如此「不得不」接受的歌聲，也覺得有「被毀壞名譽」的疑慮，現在到處都是流浪律師，不妨考慮一下，也委託他們寄張存證信函給連夫人，把二十五年前的恩怨做個了斷吧！

同名之累！

連戰夫人要求改名、賠償
歌壇「新方瑀」急得花容失色

【台北訊】歌壇新人方瑀，昨天被真正的「中國小姐」方瑀，委託律師發出的一封「要求改名，要求損害賠償」的存證函給「嚇」哭了。

隸屬「派森」旗下的歌手方瑀（原名袁美莉），沒有想到她因爲動機單純的喜歡「方瑀」兩個字，而取用爲藝名，竟引起外交部長連戰夫人——方瑀女士的不滿，通知將對她採取法律行動，因此，才剛出道的她，爲此「遽變」，急得花容失色，一整天啼哭不停。

據了解，廿餘年前的「中國小姐」，如今是外交部長夫人的方瑀，昨天委請理律法務事務所，向「派森」歌手袁美莉發出「存證函」，內容爲：

一、茲據當事人方瑀女士委稱：①據報載袁美莉小姐明知「方瑀」爲本人之姓名，竟未經本人同意，擅以「方瑀」爲其藝名，並以此藝名於國內各報紙發布新聞及刊登廣告。②按袁美莉小姐之前開行爲，顯將造成社會大衆混淆誤認，業已構成對本人姓名權之侵害。③我國民法第十九條規定：姓名權受侵害者，得請求法院除去其侵害，並得請求損害賠償，爰特委請貴律師代爲致函袁美莉小姐，促其立即停止使用「方瑀」爲其藝名之行爲，否則即請貴律師代爲採取適當之法律行動，以保障本人之合法權益。

二、合代函達如上，請惠予立即停止使用「方瑀」爲藝名之行爲，以免訟累。

「派森」唱片表示，在收到該「存證函」時，感到相當意外，因爲，袁美莉取藝名爲方瑀，絕無不良企圖，且標榜「新古典女子」氣質美的袁美莉，僅因喜歡「方瑀」這兩個具有「氣質」的字，且因兩字的筆劃吉利，演藝圈習於算筆劃以討「吉利」，才決定使用，不料卻節外生枝。

不過，「派森」爲尊重「方瑀」小姐要求改名的意見，已積極研究「改名」的因應之道，避免官司纏身。

據悉，歌手薛岳在剛出道時，也有與資深將領薛岳同名，而要求改名的困擾，然當時，歌手薛岳並未接到「存證函」而沿用藝名至今。

楊佩佩回頭表明「女兒心」
華視先觀變再談違約控告

【台北訊】在華視傳出將控告女製作人楊佩佩「違約」的風聲之後，楊佩佩廿三日下午親自攜帶十八集正在籌備中的八點檔連續劇「天涯女兒心」劇本，向華視節目部經理張永祥與副理陳剛信溝通意見，而據華視會後指出，楊佩佩昨日曾答覆將履行原合約精神，先爲華視推出一檔八點連續劇，而華視則將視楊佩佩的「行動」表現，再決定是否採取控告措施。

華視原本打算在近日內寄出存證信函，提醒楊佩佩不要罔顧已簽好的，將在年底前爲華視籌推兩檔八點連續劇的合約內容。華視指出，楊佩佩在與華視簽好約之後，立刻再回老東家—台視搶先推出一檔八點連續劇「萬

巨星仿冒品

●瑪麗蓮夢露、卓別林、亞倫艾達爲何在一起笑得這般開心？其實他們都是仿冒的，這是環球製片廠爲慶祝佛羅里達新廠開幕舉辦「好萊塢巨星模仿大賽」，參加者在攝影棚前留下了這樣一幅有趣的畫面。（美聯社傳真）

■1990年3月24日《中國時報》8版報導，派森唱片公司的新人袁美莉，取了藝名方瑀，遭連戰夫人連方瑀委請律師發函要求改名賠償。

後記

一個山東基督徒的離家、想家到回家

一九七六年我讀國二，夏天很悶熱，有一夜我睡不著起床時，發現父親也沒睡，他正在畫一張圖。原來他一直作夢都是回到山東的老家，但那一晚他在夢中，怎樣也找不到回家的路了。他驚醒後就趕緊畫下從青島到窮鄉僻壤的老家的地圖，哪裡有岔路，哪裡該轉彎，他費盡了心思，然而離家太久了，始終難以畫得滿意。

從小父親就一直在我面前扮演全能者的形象，然而在「回家」這事上，他無能為力；甚至隨著年華老去，他連「想家」的能力都逐漸被剝奪了。但天亮後他清醒了一點，趕緊將這張圖燒掉，還一再叮嚀我千萬別跟人說起這事。

這件事在我青少年時，而且還是戒嚴時期，使我留下很深的印象。父親曾歷經戰亂，很戲劇性的僥倖來到台灣，但隨即因白色恐怖入獄，身繫囹圄半年後又被充軍澎湖兩年，最後擔任小學教師三十八年後退休。

因爲生活的磨鍊，讓他擁有很敏銳的觀察力，在敘述自己的經驗時，聆聽者總能很自然地感受到當時社會環境的變化。因此我將父親生前接受我訪談時提到離家、想家與回家的經驗，整理成這篇口述自傳。

我叫管恩然，一九三〇年生於山東省莒縣凝吉鄉的書香世家。讀小學二年級曾因戰亂與感染傷寒，輟學在家，父親爲我請了私塾老師，讓我接受了很完整的國學教育，琴棋書畫也都在那段時間學的。

我的胡琴與月琴，在京戲票房裡小有名氣，是達官貴人票戲時的指定琴師。若是沒這個特長，白色恐怖時期進了青島東路三號[1]，根本不可能脫身。

因爲我司琴的票房[2]，是本地生意人爲了巴結山東省主席秦德純[3]而設立的，秦主席發現我缺席很久了，又對接手的琴師始終不滿意，半年後才特地去軍法處把我保出來，連相關紀錄都一併銷毀。

1 戒嚴時期的保安司令部軍法處看守所，人人聞之色變，現已拆除改建成喜來登飯店。
2 由喜歡戲劇的一群人所組成的社團。
3 保定軍校二期，來台後擔任國防部次長。

出獄時因爲太久沒曬太陽，也幾乎沒活動，腿軟到要有人攙扶才能行動，過了好久才恢復。

雖然小學時就因病輟學，但還有點小聰明，從初二開始復學，學業成績優異，在戰亂中動輒跳級，順利地拿到師範學校文憑。但我會來到台灣，完全是因爲另一位也是姓管的同學。

在山東省城濟南讀師範學校時，這位也姓管的同學出身鄉下，看來拙口笨舌，穿著土氣，城裡的同學都欺負他。我爲了向他傳福音，常找他聊天，但他對基督教很反感，因此對他傳福音毫無果效。但有一天下課時，他拉住我，問我對將來有何打算。我告訴他爲了這事，已禱告了很久，卻始終沒回應。

那同學急得罵我說：「國民黨已經垮了，你知道城外現在有多亂嗎？」接著他伸出大拇指、食指與中指，對我比了一個「八」，向我暗示自己是那邊派來的，大概從明天起，國民黨就會封校拉伕，把學生都送去當砲灰擋一陣子，等城內殘軍與特務跑光了，接著八路軍就要進城。所以今晚他一定要先溜出城，他邀我一起上路。

我簡直不敢相信，眼前這個沈默寡言、一副鄉巴佬樣子的同學，竟是「職業學生」，我一直以爲「職業學生」是那些整天搞罷課、鬧絕食的風雲人物。他問我是眞相信有神，還只是喜歡上教會而已。我告訴他：「我是眞的相信有神，願意接受神所賜給我的每個環境。」

那鄉下同學就警告我：「既然如此，你現在就趕緊去找崔老師，他是軍統的，危邦不入、亂邦不居，軍統的一定有辦法早一步離開這裡的。現在山東只剩青島那兒有海軍，有艦砲，八路不敢強攻，有機會先到上海。聽好，你是地主家庭，又是基督徒，絕不能留在紅區。現在咱們還沒有海空軍，台灣能多拖一陣子，但也只是遲早的事，最後還是往香港、美國去，尤其別去四川。」

那年代兵荒馬亂的，也不知該何去何從。抗戰八年國民黨是在四川，後來國民政府遷都也是先去廣州，再去重慶、成都，到年底才宣布撤來台北的，所以有些人眞的往西南方跑。我這同學雖然承認自己是共產黨，但他願意告訴我這些事，我也就相信這是神在對我的。我找了他說的崔老師，和他出城後，先到青島，再到了上海。

但老蔣下野後，共軍一過江勢如破竹，連上海都岌岌可危，於是我聽了那同學的話，不往大後方跑，還是搭太安輪到台灣。當時上船眞是一場生死決鬥，船上水兵丟下繩梯，碼頭上的人即使有船票，也不見得能爬上去。

那時我年輕力壯，上了甲板才發現，船都離開岸邊了，還有士兵丟了槍，游泳來攀爬，也有爬到一半沒力氣摔進海裡的。岸邊發現船已開動，自己被遺棄的士兵，竟然對著船隻開槍洩憤，還在攀爬的士兵就成了替死鬼，像下餃子一樣的一個一個落入海中，鮮血染紅了海面。

戰亂眞的是可怕，但很奇怪的是當時年輕，什麼也不怕，還覺得死了也就一了百了，也不錯啦！大家都嚇得躲入船艙，我卻站在甲板上看熱鬧。

在海上因遇上颱風，加上船隻超載，艙底根本沒有供應任何飲食，嘔吐便溺腥臭不堪。我看一位孕婦快不行了，就將自己身上最後一個槓子頭與還剩一點水的水壺都給了她丈夫。那男人千謝萬謝，還寫了在台北的地址給我，要我到台灣後一定要去找他。後來我到了台灣，好幾星期找不到零工可打，只好眞的按著地址去找他，但對方開門後竟裝作不認識，我也就不自討沒趣，轉而南下去彰化找同學。

那年代無論是香港還是台灣，兩邊政府都喜歡用山東人當警察，同學們也很多人都找我去，可是我不喜歡吃公家飯。在大陸時我已考上了大學，但逃來台灣什麼也沒了，只好躲在台北火車站旁邊的七洋大樓。

那棟樓的主人好像是因經濟犯罪而捲逃，大陸來的流亡學生幾千人全窩在那棟樓裡，三樓住著不到一百個女生，一、二樓卻要住兩、三千個男生，根本不可能擠得下。幸好當時是夏天，大家白天在新公園、博物館、火車站前遊蕩，甚至隨便找個地方睡覺。

印象最深的就是從基隆一上岸，就覺得這裡的人跟大陸上的人不一樣。之後我去了好幾個縣市，這種感受更強烈。對方不用開口，我就能看出他是不是省外人士[4]。

從大陸來的人無論男女，眼裡總帶著或多或少驚恐的神情；但本地人所經歷的戰爭只是轟炸，根本不知什麼是逃難，所以眼神感覺起來就是安逸。二十多年

4 當時還不稱爲外省人，一般本地人口語則說是唐山人。

後退出聯合國、中南半島赤化、中美斷交，每當新聞一爆出來，我就又發現中年本省人與外省人這種眼神上的差異。

剛到台灣時爲了找同學，有一天到了彰化一個小鎮的火車站前，看見有幾個農村青年要入伍，我嚇壞了。上百位村民拉著布條，精神抖擻著唱日本軍歌、拿著歡迎布條，有的放鞭炮、有的奏軍樂。

那幾個青年已先剃好了光頭，背著紅彩帶，抬頭挺胸、立正不動的等軍方來接人。他們是要去當國軍，卻用日軍的儀式與演唱日本軍歌。抗戰時濟南也是日軍占領，我因此略通日語。

用日語和國語交雜請問村民後才瞭解，只要派出所發一張徵集令到家裡，大家就會準時來火車站集合，而且這些費用都是他們自己出的。我看了聽了後掉下淚來。在大陸時，國民黨在農村拉壯丁，是用草繩綁著一個又一個「實在不壯的丁」，看守的士兵子彈上膛，刺刀頂著；被拉的壯丁面容枯槁、垂頭喪氣，政府是用這樣的兵去打日本鬼子。但在台灣，殖民政府徵兵卻只要用一張紙。

抗戰時我住在淪陷區，對日本人恨之入骨。但來到台灣，只要看到吐痰的，甚至只要聽到那種吐痰前響亮的清喉嚨聲，就知道這附近有外省人。本地人每天會清掃門前的馬路，爲路樹澆水，爲門口的消防池更換清水。沒有長官規定，也不用政府搞什麼「運動」。

唉！日本人實在可恨，卻也實在可敬。台灣人在日本統治下，和中國人雖然血統一樣，外表分不出。但講到公德心與守法，連我這樣的大學生，也不及那些沒受什麼教育的鄉下人。日本人實在可恨，卻也實在可敬。

後來政府派兵封住七洋大樓，抓了所有可以當兵的男生，送回海南島。大家好不容易逃到台灣，誰會願意再回大陸去打仗？大官全逃來台灣了，我們回去只是當炮灰，被抓去的山東同學後來有些也沒聽到下落了。

我雖然還算機靈，沒當場被抓，與五個同學逃了二星期，合租了一個房子，有天另一個同學來拜訪，想要與我們一起住，但根本不可能住得下，我們拒絕了，他離開後不到一小時，憲兵就跟警察上門了。

5 調查期間應關在西寧南路。

那時大概一下抓的人太多了，根本關不下。我沒被關在保安處的看守所[5]，直接就關在青島東路軍法處的看守所。剛才說了，後來被秦次長保了出來，連關押的紀錄都銷毀了，但還是被解送至澎湖充軍。

那時在澎湖的軍人，每天只吃兩頓，一個月的薪水連條牙膏都買不起，退伍遙遙無期，結婚更不可能。由於我到澎湖之前，已有八千個來自山東的流亡學生，被軍方強逼了其中五千個男生當兵，煙台聯中張敏之校長爲了保護學生而被槍決，其他學生都成了二等兵。

老蔣對北方人、非嫡系的軍隊、學生都不信任。在他眼中大陸會丟全是這些人搞的，而這批山東流亡學生組成的雜牌軍，同時具備這三個條件，所以受盡了政工的迫害。

政工不斷整肅這批學生兵，天一亮起來，周圍的同學不見了，被收押、被管訓、被發配、被丟包[6]，沒一個敢問。

每次「抓匪諜」運動一來，這批「匪類」就有人遭殃，甚至是整班、整排的失蹤。不一定是死，也許是收押判刑、禁閉管訓或改編單位。透過這樣恐怖的整肅、整編，再整肅、整編；慢慢身邊認識的人越來越少，同學之間在街上遇見不敢打招呼。

澎湖防衛司令部前面那幾棵歪脖子樹後來全被砍了，因爲晚上常有軍人去上吊，司令部只好派衛兵站崗，防止有人去上吊。結果有天早上竟然一棵樹吊死兩個人，原來派去站崗的衛兵，與要來上吊的士兵一起吊死了。

因爲這些無言的抗議，澎防部將大門前——那棵澎湖最珍貴的樹也砍了[7]。

雖然不久之後韓戰爆發，台灣也徵召義務役當充員兵，部隊開始裁軍，這些被迫當小兵的知識青年，有些退伍去彰化員林實驗中學念書，後來考上大學或讀官校，也有些在軍中直升官校當了軍官，不過這種白色恐怖的陰影，始終難以在心中消除。

我的一個同學，晚上睡覺要用繩子把自己綁在床上，因爲他怕被「丟包」，他老婆氣得要離婚，感情不睦。

另一個同學，不敢讓人走在他背後，走路一定靠著牆，睡覺不敢關燈，聽到

6 就是把人捆綁後裝在麻袋裡，用小船運到海中丟棄。

7 歪脖子的樹枝要能承受一個甚至兩個男人的重量，樹幹一定很粗。

鞭炮聲或電視裡的槍聲，就嚇得發出像女人一樣的尖叫，因爲他經歷幾次「陪刑」[8]。連他的兒女都受不了他的怪癖，最後與妻兒分居，孤老以終。

在台灣的同學遭遇多舛，但當初勸我來台的那位共產黨同學，留在大陸的下場也不好。一九八九年我回山東去看他，也是我來台後唯一回去的一次。剛解放時他過了一段好日子，也結婚生子，他的兒女都比我的大幾歲。但接下來的反右與文革，他受盡了苦難，子女因爲跟他長期的分離以及求學的不順，也跟他感情疏離，他感到孤寂的只想早點離世。

他從之前一年台灣開放對大陸的通信中，知道我這四十年來雖經白色恐怖下牢獄之災、車禍斷腿、工作不順，但全家人仍能生活在平安喜樂中，可以一起爲同一個人、同一件事向神禱告，他爲我感到高興。

他覺得一生當中，做了許多好事，也做了許多不覺得那麼好的事。他雖然還是不相信有神，但那天他爲什麼會邀我一起離開那座圍城，他自己也不知道。他笑說或許這神是爲了救我，才讓他這不信的人跟著攪和在一起了。他告訴我：

「雖然共產黨犯了很大的錯，但我依然相信共產黨，這一切一切都只是過程，至終社會主義的理想一定會實現。」

我們這一輩的人怎麼想的，你們可能不知道；但我們還是有那種最基本的「人性」，即使認同的理想不一樣，也可以是好朋友，互相欣賞對方的長處。這種最基本的要求，今天在這社會裡還看得到嗎？我雖然懷疑，但我依舊盼望。

父親生前只是個無權無勢的退休小學老師，年輕時遭遇波折，晚年病痛纏身。他一生沒有留下其他財產，留下的只是他年輕時就認識的神，讓我們四個兒女終其一生，單純地活在教會生活裡。

我很感謝那天上的父，讓父親因這樣的環境而認識祂，原來人的盡頭，才是祂的起頭。

當我們知道地上的家雖然留戀，但天上的家更值得嚮往時，平安喜樂取代了我們一家人的悲憤愁苦，也讓我因地上的父而認識天上的父。

8 就是一群人被蒙眼綁赴刑場，但不知道子彈會不會打進自己身上。

國家圖書館出版品預行編目(CIP)資料

外省新頭殼 / 管仁健著. -- 初版. -- 新北市：方舟文化出版：遠足文化發行, 2016.12
面； 公分. --（觀點方舟；1）

ISBN 978-986-93955-0-2（平裝）

1.台灣史 2.通俗史話

733.296 105021251

觀點方舟 001

你不知道的台灣

外省新頭殼

作　　者　管仁健
內文排版　游淑萍
封面設計　江孟達
攝　　影　鄺頌廉
主　　編　林潔欣
內文校對　林淑雯、林潔欣、管仁健
總 編 輯　林淑雯
社　　長　郭重興
發行人兼出版總監　曾大福
出 版 者　方舟文化出版
發　　行　遠足文化事業股份有限公司
231 新北市新店區民權路108-2號9樓
電話：（02）2218-1417　傳真：（02）8667-1851
劃撥帳號：19504465　戶名：遠足文化事業股份有限公司
客服專線 0800-221-029
E-MAIL　service@bookrep.com.tw
網　　站　www.bookrep.com.tw
印　　製　通南彩印股份有限公司 電話：（02）2221-3532
法律顧問　華洋法律事務所 蘇文生律師
定　　價　320元
初版一刷　2016年12月
初版三刷　2018年 3 月

缺頁或裝訂錯誤請寄回本社更換。
歡迎團體訂購，另有優惠，請洽業務部（02）22181417#1124、1125、1126
本書僅代表作者言論，不代表本社立場。
特別聲明：甘裕郎先生家屬，若您們看到本書，還請與本社連繫，我們將提供您照片使用費，謝謝。